Mon grand cahier Montessori

des sons et des graphèmes

Activités conçues par Delphine Urvoy,
professeur des écoles

LAROUSSE

Crédits photographiques :

Fotolia. com © : a3701027 ; a7880ss ; Afanasia ; Afanasiev Oleksii ; agrus ; akininam ; Albachiaraa Aleksandra Mikhailec ; alesikka ; alestraza ; Alexander Kovalenko ; alhontess ; Aliaksandr Ivanou ; aliaksei_7799 ; aluna1 ; amin268 ; andrew_rybalko ; Anna Kucherova ; Anna Velichkovsky ; annzakharchenko ; ARNICA ; Arrows ; artbesouro ; b_plan88 ; bearsky23 ; Beboy ; benchart ; bigmouse108 ; Black Spring ; blueringmedia ; borzebra ; boydz1980 ; Brian Goff ; brovkoserhii ; bsd555 ; bullet_chained ; Cattallina ; cdecarpentrie ; cenker atila ; christemo ; Christine Wulf ; cidepix ; Coloures-pic ; connynka ; Creative Mood ; creativeteam ; cunico ; dana1125 ; dashaefremova ; davidteamen ; denis08131 ; djvstock ; doodko_anna ; dta93 ; dzm1try ; eduardrobert ; egorka87 ; ekyaky ; elartico ; elvetica ; eve ; eyewave ; faber14 ; Fandorina Liza ; fanny76 ; feirlight ; fireflamenco ; Françoise M ; Freepik ; frender ; godfather744431 ; GreenOptix ; grey_ant ; grgroup ; Gstudio Group ; Gulsen Gunel ; Haer ; haru_natsu_kobo ; IconBunny ; ifh85 ; Igor Zakowski ; ihork ; illustratiostock ; jemastock ; Jogimie Gan ; jugrozyan ; juliars ; katerina_ vitchenko ; Kateryna ; Konovalov Pavel ; Kreatiw ; krugli ; ksenyasavva ; Ksusha ; Ladychelyabinsk ; lattesmile ; LE2PAGE ; leopride ; lovemask ; M.studio ; macrovector ; makc76 ; margoorita ; maria_morozova ; Mariia Nazarova ; Marina Gorskaya ; marinavorona ; matoommi ; medesulda ; meen_na ; Meranna ; mila_endo ; mingkit ; MIRARTIilustrations ; mmmg ; mochipet ; moonkin ; mrswilkins ; msgrigorievna ; muchmania ; murika ; muuraa ; myosotisrock ; mything ; n_eri ; naddya ; nadiinko ; natashapankina ; nezezon ; npaveln ; Oleg ; olegganko ; Oleksandr Rozhkov olenyatko ; olesiaagudova ; olga_igorevna ; olive1976 ; oooRENAooo ; owattaphotos ; pandavector ; Peter Hermes Furian ; piaskun_ ; pico ; platinka ; puaypuayzaa ; Pupahava ; R-DESIGN ; redlinevector ; rfvectors.com ; Rhoeo ; robu_s ; Rogatnev ; rojdesign ; rosinka ; sabelskaya ; saenal78 ; santa43 ; sapannpix ; sdp_creations ; Seamartini Graphics ; shooarts ; sirikornt ; skypicsstudio ; sljubisa ; socris79 ; Sonulkaster ; ssstocker ; Steinar ; stellaedward ; sudok1 ; sudowoodo ; svan9422 ; tamiris6 ; tanita_b ; tanyastock ; Tarik GOK ; taw4 ; Thomas Pajot ; Timurock tinkivinki ; topvectors ; tribalium81 ; valeri_si ; Vasileva ; vectorchef ; Vectorvstocker ; viktorijareut ; vixenkristy ; webstocker ; Wingnut Designs ; wins86 ; wisannumkarng ; ya_mayka ; yavi ; ylivdesign ; Yury ; Velikanov ; Zaniman ; Zinako ; Zoya Miller ; zzve.

Shutterstock.com © : asantosg ; Rashad Ashurov ; Visual Generation ; Vector Market ; meinlp ; Fargon ; chotwit piyapramote ; besunnytoo ; Ovocheva ; Kazakova Maryia ; Iconic Bestiary ; Ksenya Savva ; ColinCramm ; Masa Marinkovic ; andere andrea petrlik ; Macrovector ; rangsan paidaen ; losw ; Maxito ; jehsomwang ; Big Boy ; Tashsat ; Katata ; KittyVector ; cobalt88 ; Artshokolad ; NPavelN ; urfin ; totallyjamie ; Danilo Sanino ; Skokan Olena ; Ekaterina Zimodro ; OlgaSiv ; iaRada ; T-Kot ; MSSA ; ARNICA ; Svetlana Maslova ; Dmitrieva A ; Kakigori Studio ; newcorner ; Jemastock ; Sarawut Padungkwan ; Tomacco ; BlueRingMedia ; Chistyakova Julia ; Anna Rassadnikova ; Scherbinka ; nataka ; Pogorelova Olga ; Yoko Design ; Kasp Air ; Rivan media ; Barmaleeva ; Spreadthesign ; mything ; moonkin ; stockakia ; vectorstockstoker ; pichayasri ; Ganna Bassak ; Seamartini Graphics ; Iconic Bestiary ; zzveillust ; Mascha Tace ; lattesmile ; Dakalova Iuliia ; Sim Lev ; nalinn ; SVStudio ; Tatsiana Tsyhanova ; Ksenica ; fresher ; studioworkstock ; Vea_blackfox ; Chet ; MuchMania ; pichayasri ; Artspace ; lady-luck ; Veleri ; Victoria Sergeeva ; MarinaDa ; julymilks ; Oleg7799 ; grmarc ; Eisfrei ; Alka5051 ; Jane Kelly ; Viktorija Reuta ; Nikiparonak ; Marharyta Pavliuk ; Jackie Nishimura ; Tribalium ; 0mela ; Bienchen-s ; Chikovnaya ; Ksenia Loginovskikh ; SergeiSki ; Netta07 ; kernel panic ; Fricke Studio ; Art101 ; nikiteev_konstantin ; Enache Dumitru Bogdan ; Kachalova Kseniia ; M.Stasy ; flowerstock ; Aratehortua ; GraphicsRF ; Media Guru ; Iryna Stegniy ; Veleri ; VectorPot ; mhatzapa ; Pushkin ; Kauriana ; Reamolko ; Nadzeya Dzivakova.

Direction de la publication : Carine Girac-Marinier
Direction éditoriale : Julie Pelpel-Moulian
Édition : Léa Combasteix, assistée de Viviane Magnin
Direction artistique : Uli Meindl
Réalisation graphique : Cécile Rabataud
Fabrication : Marlène Delbeken

Illustrations : Lotie

ISBN : 978-2-03-598788-4

PRÉFACE

Maria Montessori a distingué six périodes sensibles chez le jeune enfant, fruits de ses multiples observations. Ces périodes, qui peuvent se chevaucher, représentent des phases où l'enfant est intéressé, curieux et très réceptif à certains aspects de son environnement. Elles sont donc particulièrement favorables à la construction et à l'acquisition de certains apprentissages.

- la période sensible du langage (entre 2 mois et 6 ans)
- la période sensible de la coordination des mouvements (entre 18 mois et 4 ans)
- la période sensible de l'ordre (de la naissance à 6 ans)
- la période sensible du raffinement des sens (entre 18 mois et 5 ans)
- la période sensible du comportement social (entre 2 ans et demi et 6 ans)
- la période sensible des petits objets (très courte période au cours de la 2e année).

La période sensible du langage commence très tôt. Les progrès des enfants en langage oral au cours de leurs trois premières années sont fulgurants et déterminants : c'est ce solide bagage en langage oral qui va venir asseoir et faciliter le langage écrit et la lecture. Il se construit dans le temps par un processus d'imitation : c'est parce qu'on lui parle que l'enfant apprend à parler. L'enfant « absorbe » le langage, d'où la nécessité d'un environnement riche, stimulant et bienveillant.
Il en est de même pour le langage écrit. Pour que l'enfant puisse « faire seul », lire et écrire seul, il faut qu'en amont, on lui montre les concepts et les gestes. Sur ce long chemin vers l'autonomie, votre enfant se nourrira de vos échanges, de vos étayages et de vos discussions, et absorbera comme une « éponge » les informations que vous saurez lui transmettre.
Et parce que ce sont ses sens qui permettent à votre enfant de faire des liens, de catégoriser et ainsi de comprendre le monde, nous vous invitons à débuter l'entrée dans l'écrit et la lecture par la découverte des lettres rugueuses présentes en fin d'ouvrage.

Les lettres rugueuses vont permettre de faire le lien entre le son et le signe : votre enfant va mettre en relation ce qu'il entend et comment cela s'écrit. Cette approche sensorielle alliant le toucher, l'ouïe et la vue va permettre d'ancrer durablement et efficacement la présentation de chaque lettre. Car plus l'apprentissage sollicitera les sens, plus il sera efficace en termes de compréhension et de mémorisation. En outre, les lettres rugueuses sont une étape importante dans l'apprentissage de l'écrit, car au fil des répétitions, chaque lettre va venir s'ancrer dans la mémoire musculaire de votre enfant. Une présentation détaillée en fin d'ouvrage vous guidera dans la réalisation et l'utilisation de cet outil.

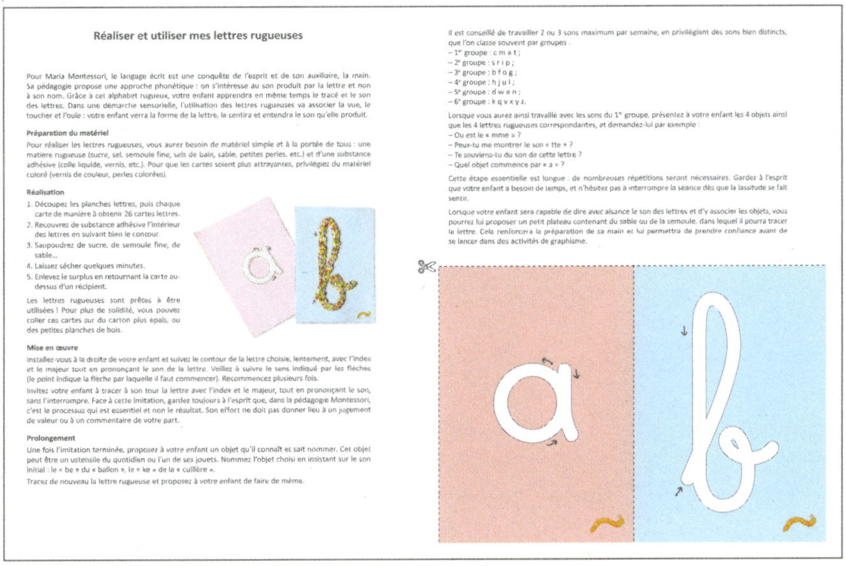

Réaliser et utiliser mes lettres rugueuses

Pour Maria Montessori, le langage écrit est une conquête de l'esprit et de son auxiliaire, la main. Sa pédagogie propose une approche phonétique : on s'intéresse au son produit par la lettre et non à son nom. Grâce à cet alphabet rugueux, votre enfant apprendra en même temps le tracé et le son des lettres. Dans une démarche sensorielle, l'utilisation des lettres rugueuses va associer la vue, le toucher et l'ouïe : votre enfant verra la forme de la lettre, la sentira et entendra le son qu'elle produit.

Préparation du matériel

Pour réaliser les lettres rugueuses, vous aurez besoin de matériel simple et à la portée de tous : une matière rugueuse (sucre, sel, semoule fine, sels de bain, sable, petites perles, etc.) et d'une substance adhésive (colle liquide, vernis, etc.). Pour que les cartes soient plus attrayantes, privilégiez du matériel coloré (vernis de couleur, perles colorées).

Réalisation

1. Découpez les planches lettres, puis chaque carte de manière à obtenir 26 cartes lettres.
2. Recouvrez de substance adhésive l'intérieur des lettres en suivant bien le contour.
3. Saupoudrez de sucre, de semoule fine, de sable...
4. Laissez sécher quelques minutes.
5. Enlevez le surplus en retournant la carte au-dessus d'un récipient.

Les lettres rugueuses sont prêtes à être utilisées ! Pour plus de solidité, vous pouvez coller ces cartes sur du carton plus épais, ou des petites planches de bois.

Mise en œuvre

Installez-vous à la droite de votre enfant et suivez le contour de la lettre choisie, lentement, avec l'index et le majeur tout en prononçant le son de la lettre. Veillez à suivre le sens indiqué par les flèches (le point indique la flèche par laquelle il faut commencer). Recommencez plusieurs fois.

Invitez votre enfant à tracer à son tour la lettre avec l'index et le majeur, tout en prononçant le son, sans l'interrompre. Face à cette imitation, gardez toujours à l'esprit que, dans la pédagogie Montessori, c'est le processus qui est essentiel et non le résultat. Son effort ne doit pas donner lieu à un jugement de valeur ou à un commentaire de votre part.

Prolongement

Une fois l'imitation terminée, proposez à votre enfant un objet qu'il connaît et sait nommer. Cet objet peut être un ustensile du quotidien ou l'un de ses jouets. Nommez l'objet choisi en insistant sur le son initial : le « be » du « ballon », le « ke » de la « cuillère ».

Tracez de nouveau la lettre rugueuse et proposez à votre enfant de faire de même.

Il est conseillé de travailler 2 ou 3 sons maximum par semaine, en privilégiant des sons bien distincts, que l'on classe souvent par groupes :
– 1er groupe : c m a t ;
– 2e groupe : s r i p ;
– 3e groupe : b f o g ;
– 4e groupe : h j u l ;
– 5e groupe : d w e n ;
– 6e groupe : k q v x y z.

Lorsque vous aurez ainsi travaillé avec les sons du 1er groupe, présentez à votre enfant les 4 objets ainsi que les 4 lettres rugueuses correspondantes, et demandez-lui par exemple :
– Ou est le « mme » ?
– Peux-tu me montrer le son « tte » ?
– Te souviens-tu du son de cette lettre ?
– Quel objet commence par « a » ?

Cette étape essentielle est longue : de nombreuses répétitions seront nécessaires. Gardez à l'esprit que votre enfant a besoin de temps, et n'hésitez pas à interrompre la séance dès que la lassitude se fait sentir.

Lorsque votre enfant sera capable de dire avec aisance le son des lettres et d'y associer les objets, vous pourrez lui proposer un petit plateau contenant du sable ou de la semoule, dans lequel il pourra tracer la lettre. Cela renforcera la préparation de sa main et lui permettra de prendre confiance avant de se lancer dans des activités de graphisme.

Votre enfant approfondira ensuite ses connaissances des sons grâce aux différentes activités présentes dans le cahier :

J'entends en début de mot. Dans cette partie, votre enfant devra repérer et identifier des sons en début de mot, tout en y associant une graphie, c'est-à-dire une ou plusieurs lettres. Une page d'entraînement à l'écriture est systématiquement proposée en complément du travail phonologique.

Commencez par inviter votre enfant à repasser sur la lettre centrale avec le bout de ses doigts tout en prononçant le son, comme avec les lettres rugueuses, avant qu'il ne se lance dans un travail d'écriture plus minutieux. À l'aide d'un outil scripteur, il devra reproduire sur la première ligne une série de signes qui l'aideront à appréhender le graphème. Sur la deuxième ligne, votre enfant remplira la lettre. Et, sur la dernière ligne, il devra réécrire tout seul le graphème.

Il pourra en outre exercer sa motricité fine à travers des activités de coloriage, de découpage et de collage. L'ensemble des associations sons-lettres devra être présenté dans l'ordre proposé par le cahier.

J'entends dans le mot. Dans la seconde partie, le travail conjoint sur la discrimination auditive et la graphie des sons se poursuit de manière plus complexe puisque les phonèmes à repérer se trouvent en fin ou en milieu de mot.

Je retrouve et j'écris. Dans un troisième temps, votre enfant est invité, grâce à l'alphabet mobile présent page 191, à encoder des mots, c'est-à-dire à identifier le ou les sons manquants et à les associer à leur graphie : il s'agit de transcrire grâce aux lettres ce qu'il entend dans les mots.

Je lis. Enfin, dans la dernière partie, votre enfant rentrera pleinement dans la lecture à travers le décodage de mots, puis de phrases. Il devra mettre en œuvre les apprentissages vus précédemment en associant chaque graphème à sa valeur sonore.

Gardez toujours à l'esprit que le moteur premier de l'intelligence est le désir : n'imposez pas une activité si l'envie et le besoin ne s'en font pas sentir ; interrompez une séance avant que l'attention ou la lassitude ne s'installe ; suscitez l'intérêt de votre enfant tout en respectant ses préférences ; soyez présent sans être intrusif. Car comme l'écrivait Maria Montessori : « Pour qu'il y ait désir, il faut qu'il y ait plaisir et joie ! »

Nous vous souhaitons un voyage passionnant et joyeux sur le chemin de la lecture et de l'écriture !

Delphine Urvoy
Professeur des écoles

SOMMAIRE

J'entends en début de mot

Dans cette première partie, votre enfant va être amené à identifier les sons en début de mot tout en les associant à leur graphie. Nous vous invitons à prolonger ce travail phonologique à travers des jeux à la maison, notamment avec les objets du quotidien qui l'entourent et qu'il affectionne, ce qui l'aidera à structurer son oreille.

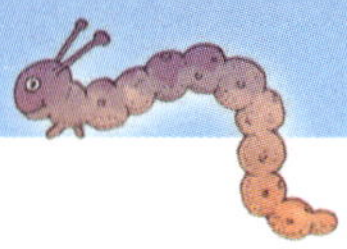

mouton

m

Les maisons du « m »

Pour chaque maison, nomme les images, puis barre celle qui ne commence pas par le son « **mme** ».

âne

a

L'abricot du « a »

Découpe les étiquettes page 175, puis colle autour de l'abricot les mots commençant par le son « **a** ».

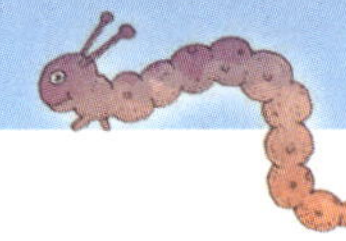

tortue

t

t t t t

Le triangle magique du « t »

Colorie en orange les images commençant par le son « **tte** ». Ensuite, colorie celles qui restent de la couleur de ton choix. Quelle forme vois-tu apparaître ?

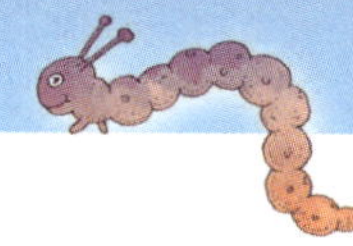

souris

s

Le « s »

Nomme les images, puis colorie celles qui commencent par le son « sss ».

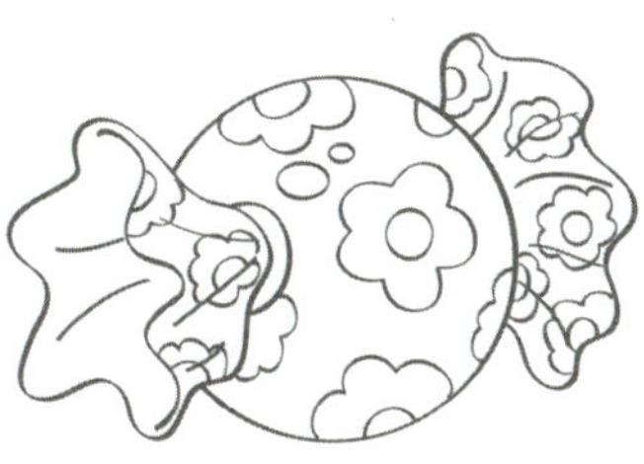

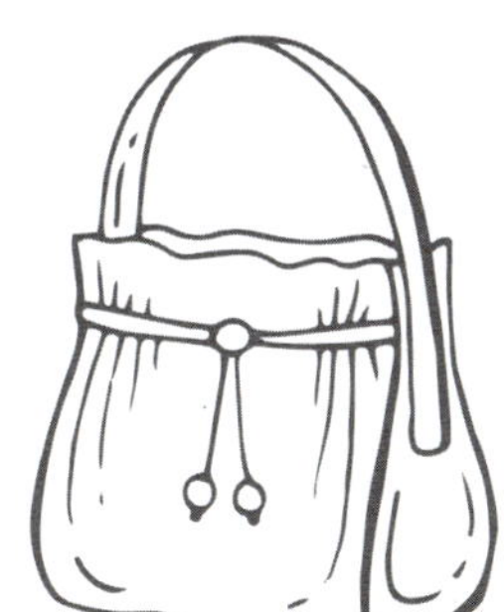

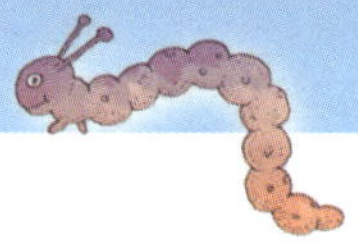

poussin

p

Le « p »

Découpe les étiquettes page 175, puis nomme chaque image. À chaque fois que tu entends le son « **ppe** », colle une étiquette lettre à côté de l'image.

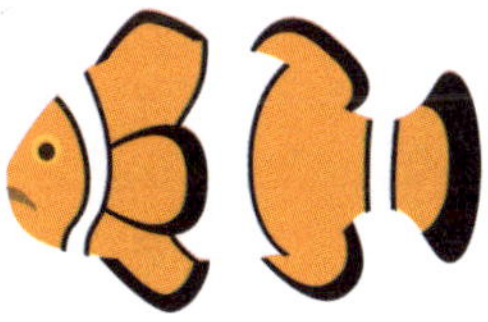

crabe

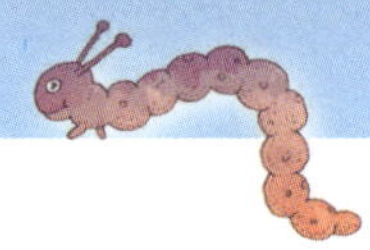

c

Les cadres du « c »

Nomme toutes les images, puis, dans chaque cadre, entoure le mot qui leur correspond.

cadeau

tasse

maison

crabe

camion

savon

canard

otarie

tomate

carotte

pomme

cactus

Bilan 1

Nomme chaque image, puis relie-la à la lettre par laquelle son nom commence. Attention à l'intrus !

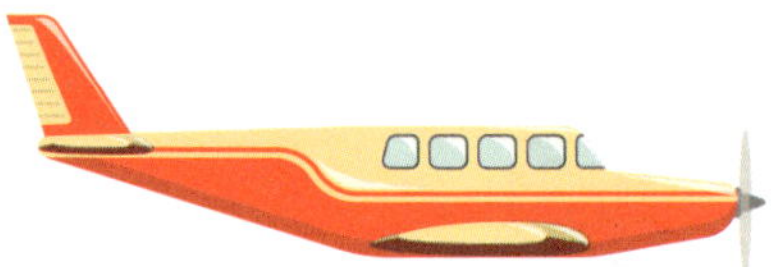

m

a

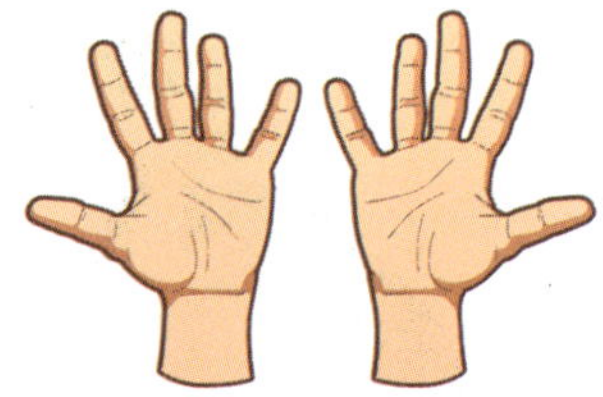

t

Découpe les étiquettes page 175, puis nomme chaque image. Ensuite, colle les images pour former des paires de mots commençant par le même son.
Attention aux intrus !

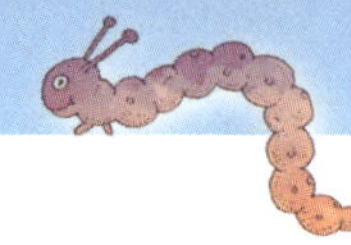

loup

l

Le chemin du «l»

Nomme les images, puis trace le chemin du «l» en ne passant que par les mots qui commencent par le son « **lle** ».

départ

arrivée

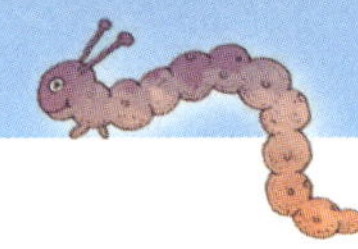

requin

r

La grappe de raisin du « r »

Colorie les dessins commençant par le son « rre » en violet. Ensuite, colorie ceux qui restent de la couleur de ton choix.

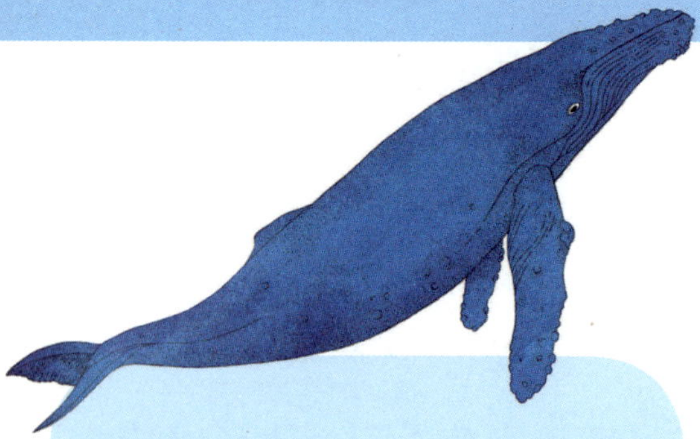

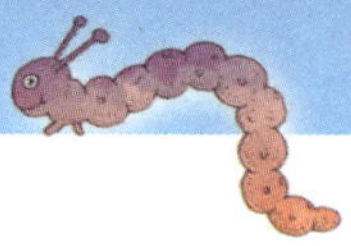

baleine

b

La boîte du « b »

Découpe les étiquettes page 177, puis colle autour de la boîte tous les mots commençant par le son « **bbe** ».

orange

a b c d e f g h i j k l m n o p q r s t u v w x y z

Le cercle du « o »

Relie seulement les images qui commencent par le son « o » à la lettre « o ».

forêt

f

Les films du « f »

Sur chaque ligne, entoure le mot qui commence par le son « ffe ».

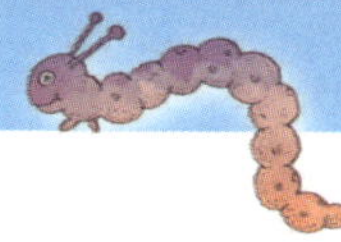

gorille

g

Les granges du « gue »

Barre les granges ne contenant pas le son « **gue** ».

Bilan 2

Nomme chaque image, puis barre l'intrus présent dans chaque cadre.

Relie chaque image au mot qui lui correspond.

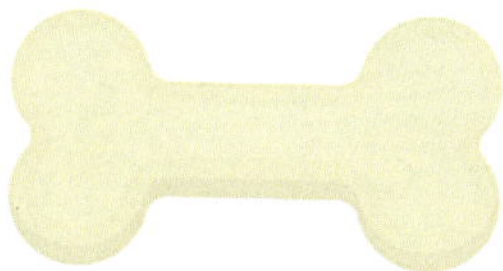

loup

réveil

bouchon

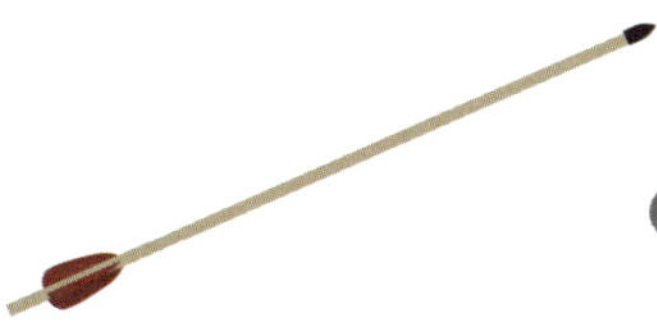

flèche

os

guitare

jaguar

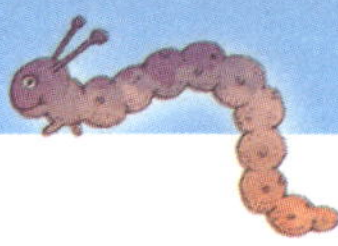

j

La jupe du « j »

Découpe les étiquettes page 177, puis utilise-les pour décorer la jupe. Attention, il faut coller les mots commençant par le son « jje » sur les points bleus.

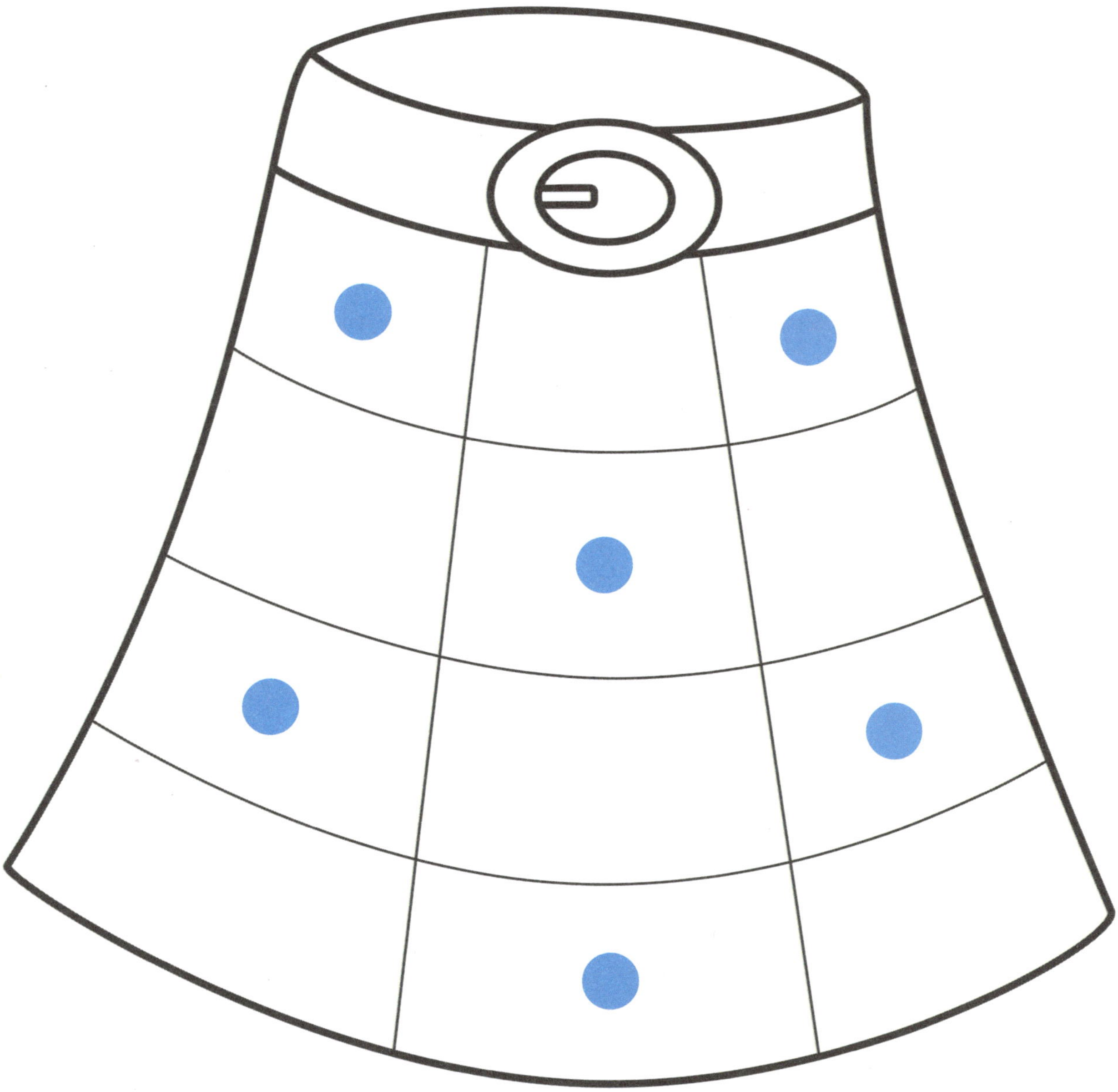

univers

u

Le «u»

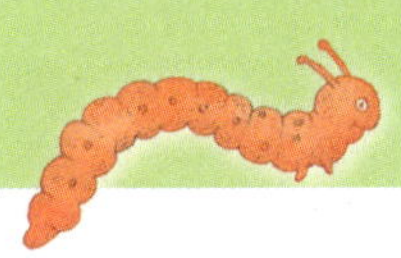

Coche les images qui commencent par le son «u».

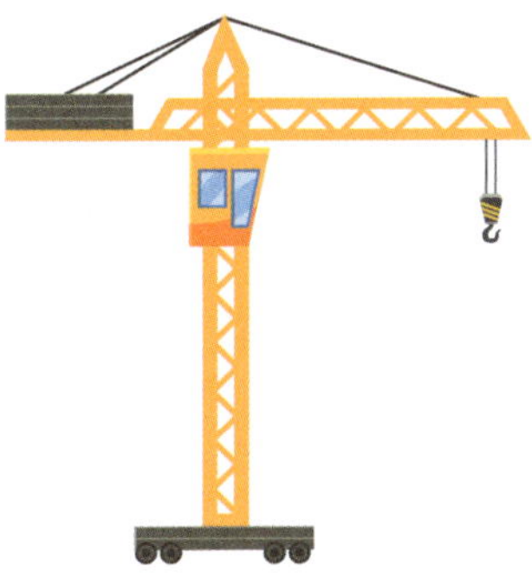

iguane

i

L'igloo du «i»

Colorie en bleu les mots commençant par le son «i».

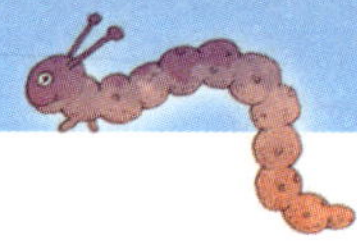

dauphin

d

Le damier du « d »

Barre les images qui ne commencent pas par le son « **dde** ».

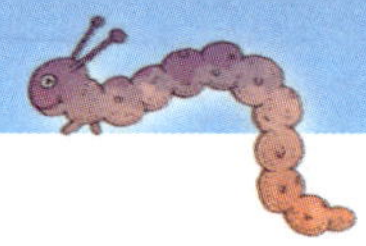

n

Le « n »

Découpe les étiquettes page 177. Nomme chaque image, puis colle une étiquette lettre sous les images qui commencent par le son « **nne** ».

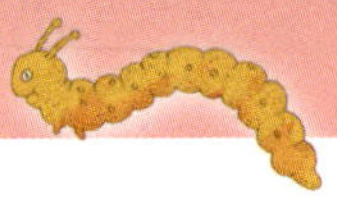

éléphant

é

L'écureuil magique du « é »

Colorie en orange les images commençant par le son « **é** ».
Ensuite, colorie celles qui restent de la couleur de ton choix.
Quel animal vois-tu apparaître ?

Bilan 3

Découpe les étiquettes page 179, puis nomme les images. Ensuite, complète chaque ligne avec deux mots qui commencent par le même son.

Pour chaque image, entoure la lettre qui correspond au son que tu entends au début du mot.

l
é
r
f

9

e
f
m
n

b
i
d
t

j
g
i
a

i
j
u
f

u
i
r
s

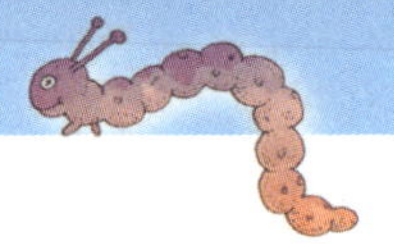

kangourou

k

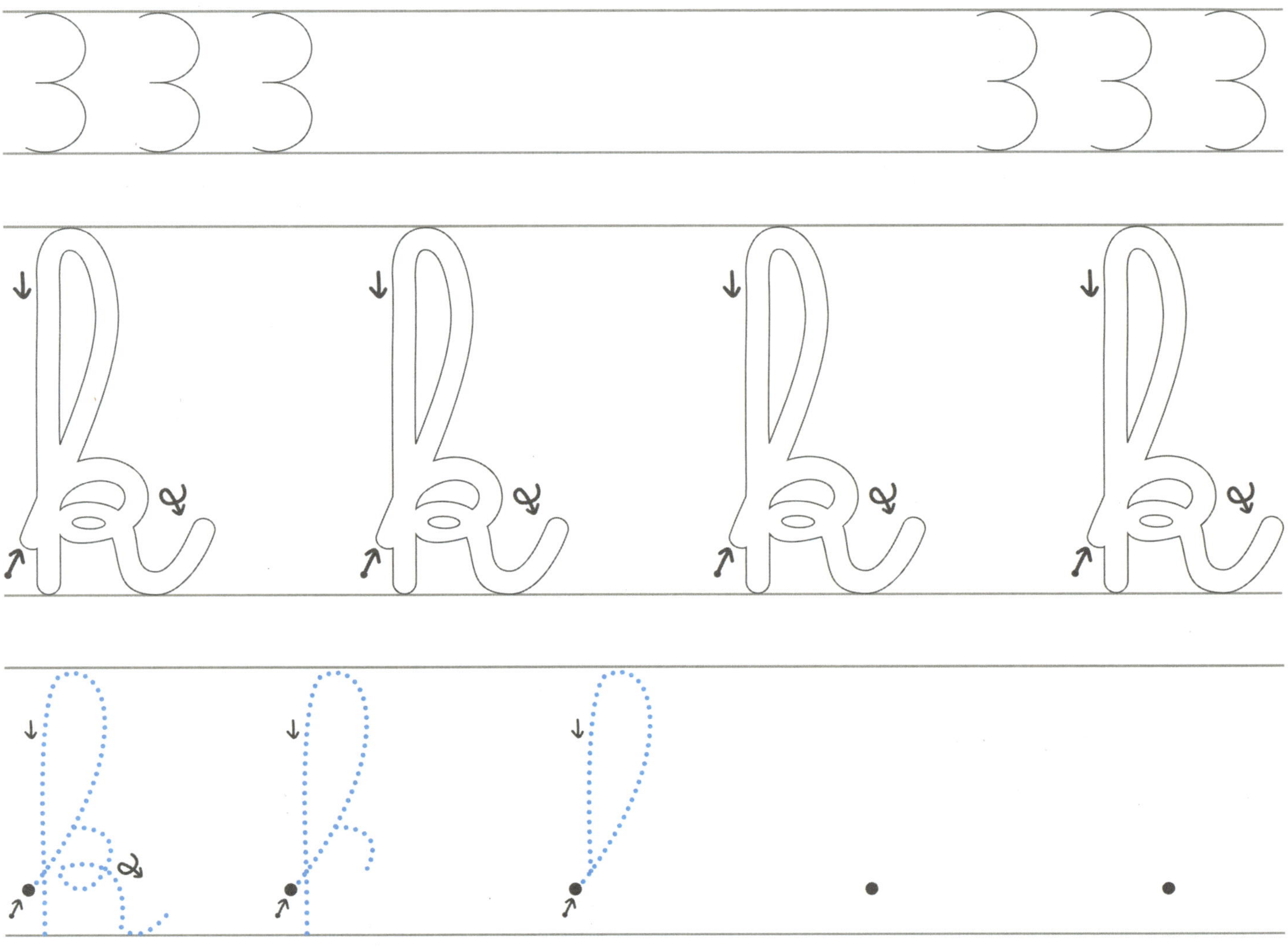

Le « k »

Colorie en vert les perles contenant le son « **kke** ».
Ensuite, colorie celles qui restent de la couleur
de ton choix.

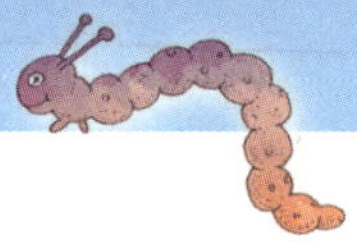

vache

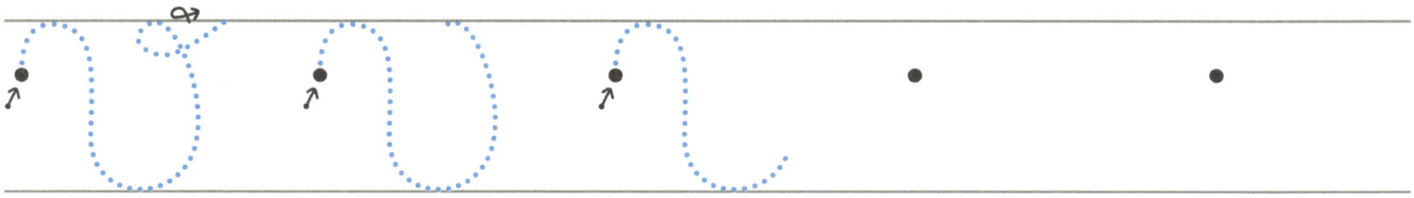

La voiture magique du « v »

Colorie en rouge les images commençant par le son « vve ». Ensuite, colorie celles qui restent de la couleur de ton choix. Quel moyen de transport vois-tu apparaître ?

yourte

y

y y y y

Le yoyo du « y »

Découpe les étiquettes page 179, puis colle autour du yoyo les mots qui commencent par le son « **yye** ».

zèbre

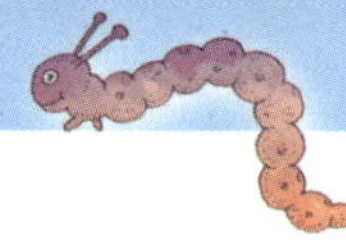

z

Le «z»

Relie à la lettre «z», puis colorie en orange uniquement les mots qui commencent par le son «**zze**».

wapiti

w

Le « w »

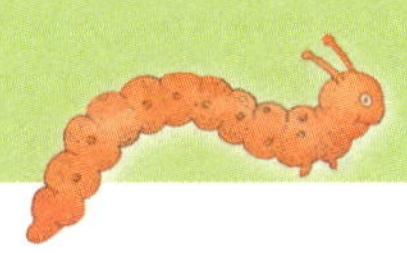

Nomme les images et entoure celles qui commencent par le son « **oue** ».

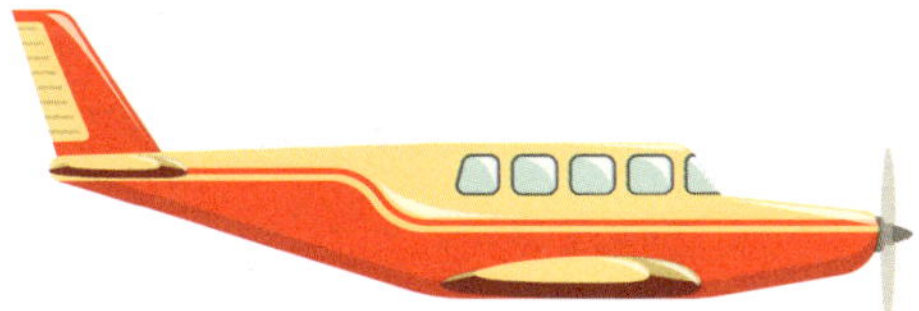

Bilan 4

Retrouve le premier son de chaque mot, puis écris la lettre correspondante dans la case en bout de ligne.

→ f v l

→ y a k

→ o v w

→ g k p

→ f s z

Trouve le premier son de chaque mot, puis colorie l'image en suivant le code couleurs.

v y k

chat

ch

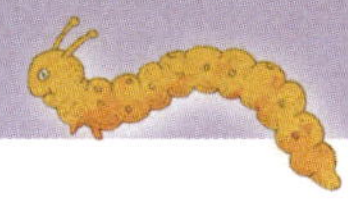

Le château du « ch »

Quels animaux se cachent dans le château ?
Découpe les étiquettes page 181, puis colle dans le château les animaux dont le nom commence par le son « **ch** ».

ondée

on

on on

on

Le « on »

Nomme chaque image, puis barre celles dont le nom ne commence pas par le son « **on** ».

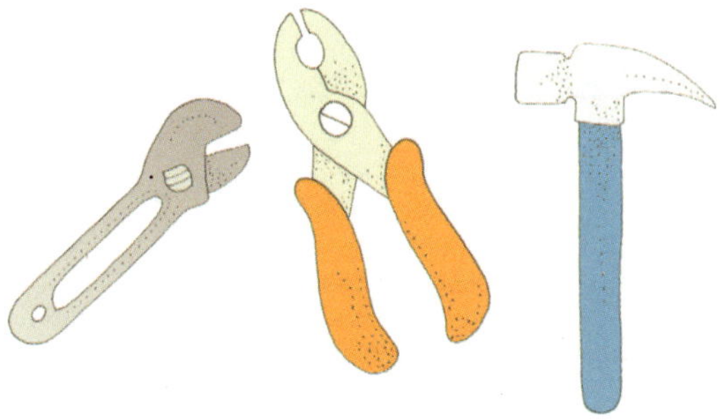

ancre

an

L'ancre du « an »

Nomme chaque image, puis colorie celles qui commencent par le son « **an** ».

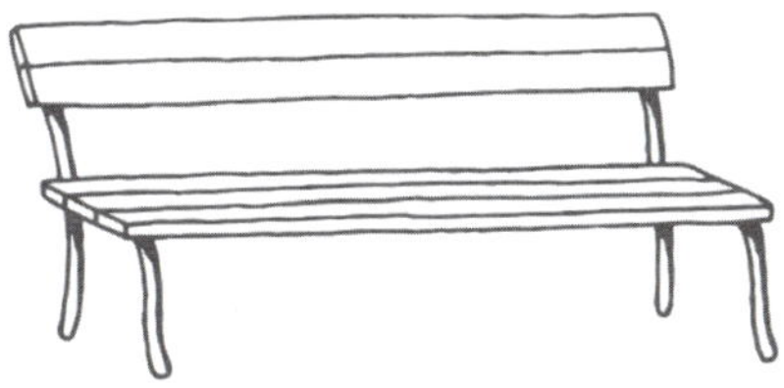

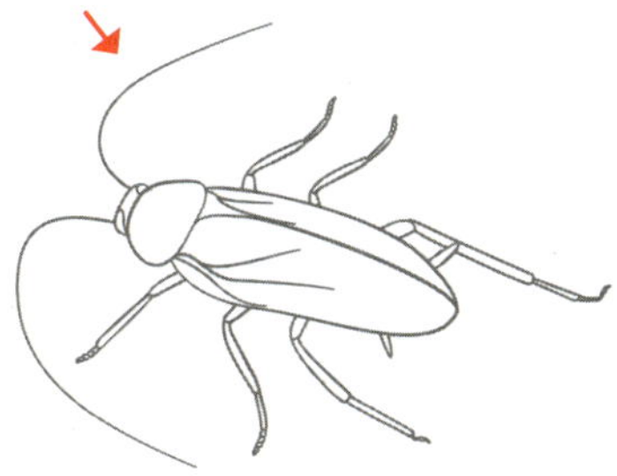

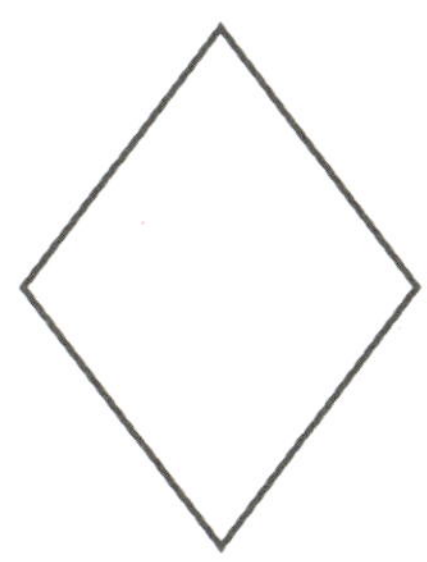

indien

in

Le chemin du «in»

Trace le chemin du «in» en ne passant que par les mots qui commencent par le son «**in**».

aigle

ai

ai ai

ai

Le « ai »

Nomme chaque image, puis entoure celles dont le nom commence par le son « **ai** ».

enfant

en

en en

en

Le « en »

Dans chaque ligne, un seul mot ne commence pas par le son « **en** » : barre-le.

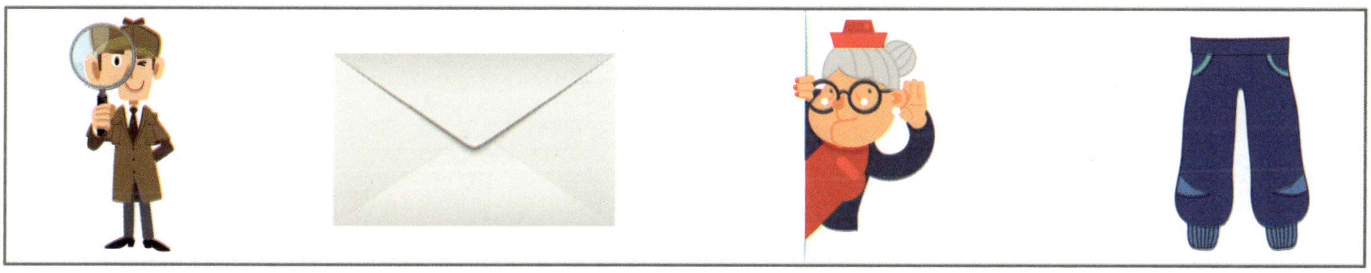

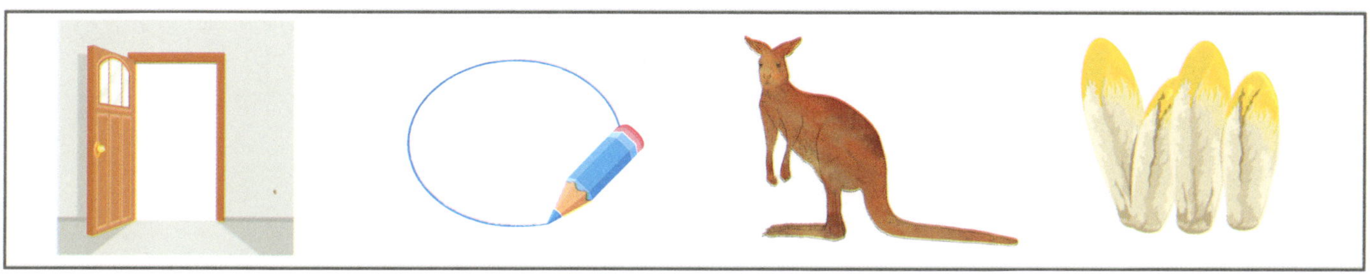

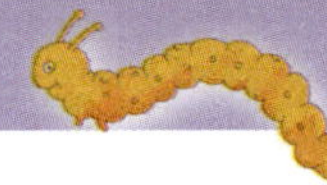

phoque

ph

ph ph ph ph

ph

Le «ph»

Découpe les étiquettes page 181, puis nomme-les. Colle ensuite les images qui commencent par le son « **ph** » dans la colonne de gauche et les autres dans la colonne de droite.

ph	~~ph~~

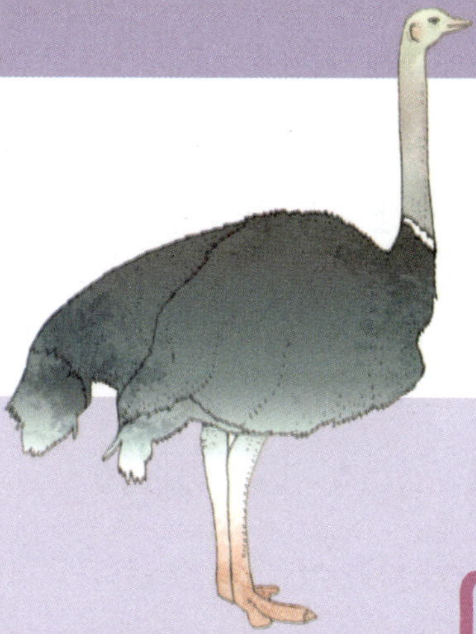

autruche

au

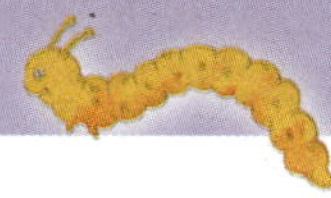

Le « au »

Nomme chaque image, puis colorie celles dont le nom commence par le son « o ».

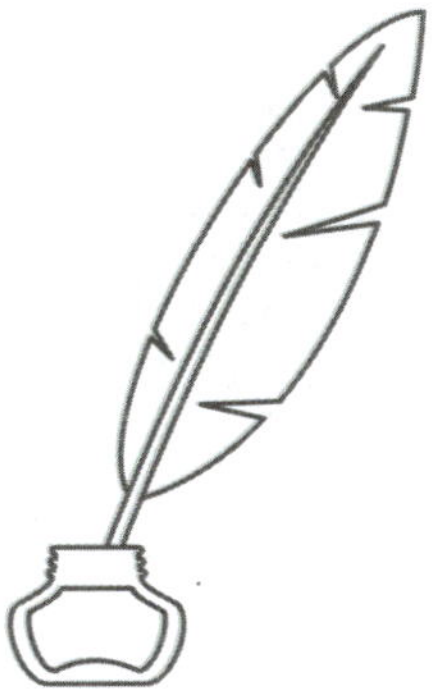

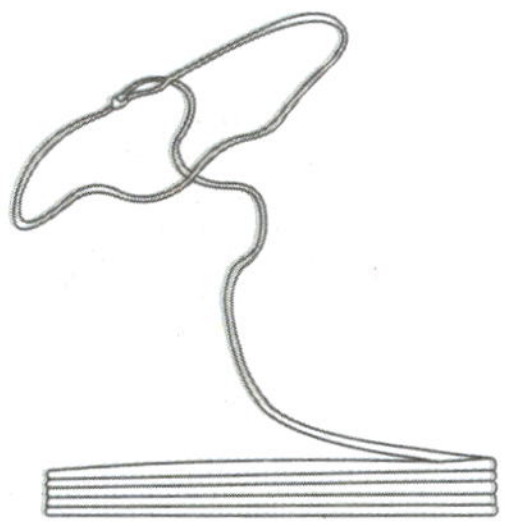

Le « g » qui fait « j »

Coche les images dont le nom commence par la lettre «g» mais qui fait le son «j».

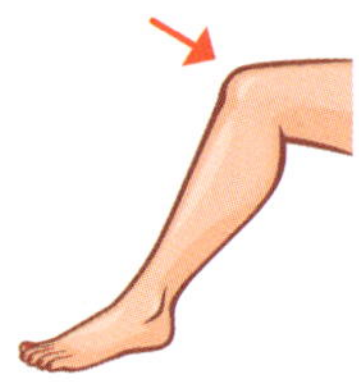

Bilan 5

Identifie le premier son de chaque mot, puis colorie l'image en respectant le code couleurs. Quel bâtiment vois-tu apparaître ?

au
ch
in
ph
en

Découpe les sons page 181. Nomme chaque image, puis complète les mots à l'aide des étiquettes. Attention à l'intrus !

→ ☐ ouette

→ ☐ vitation

→ ☐ tendre

→ ☐ armacie

→ ☐ mer

→ ☐ irafe

→ ☐ tomne

11 → ☐ ze

J'entends dans le mot

Cette deuxième partie propose de poursuivre et de complexifier le travail de structuration de l'oreille en se focalisant sur l'identification des sons finaux, puis sur les sons en milieu de mots.

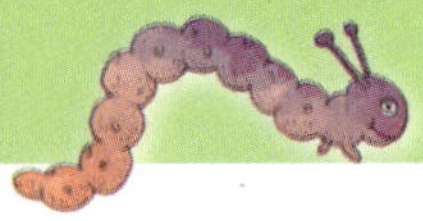

Le « a » en fin de mot

Découpe les étiquettes page 183 et nomme-les.
Colle ensuite dans l'album de famille les animaux dont le nom se termine par le son « a ».
Attention aux intrus !

Le « i » en fin de mot

Seuls les mots se terminant par le son « i » ont le droit de se trouver sur les tipis. Barre les intrus.

Le «o» en fin de mot

Pour trouver le chemin qui te mènera à l'arrivée, passe par les mots qui se terminent par le son «o».

départ

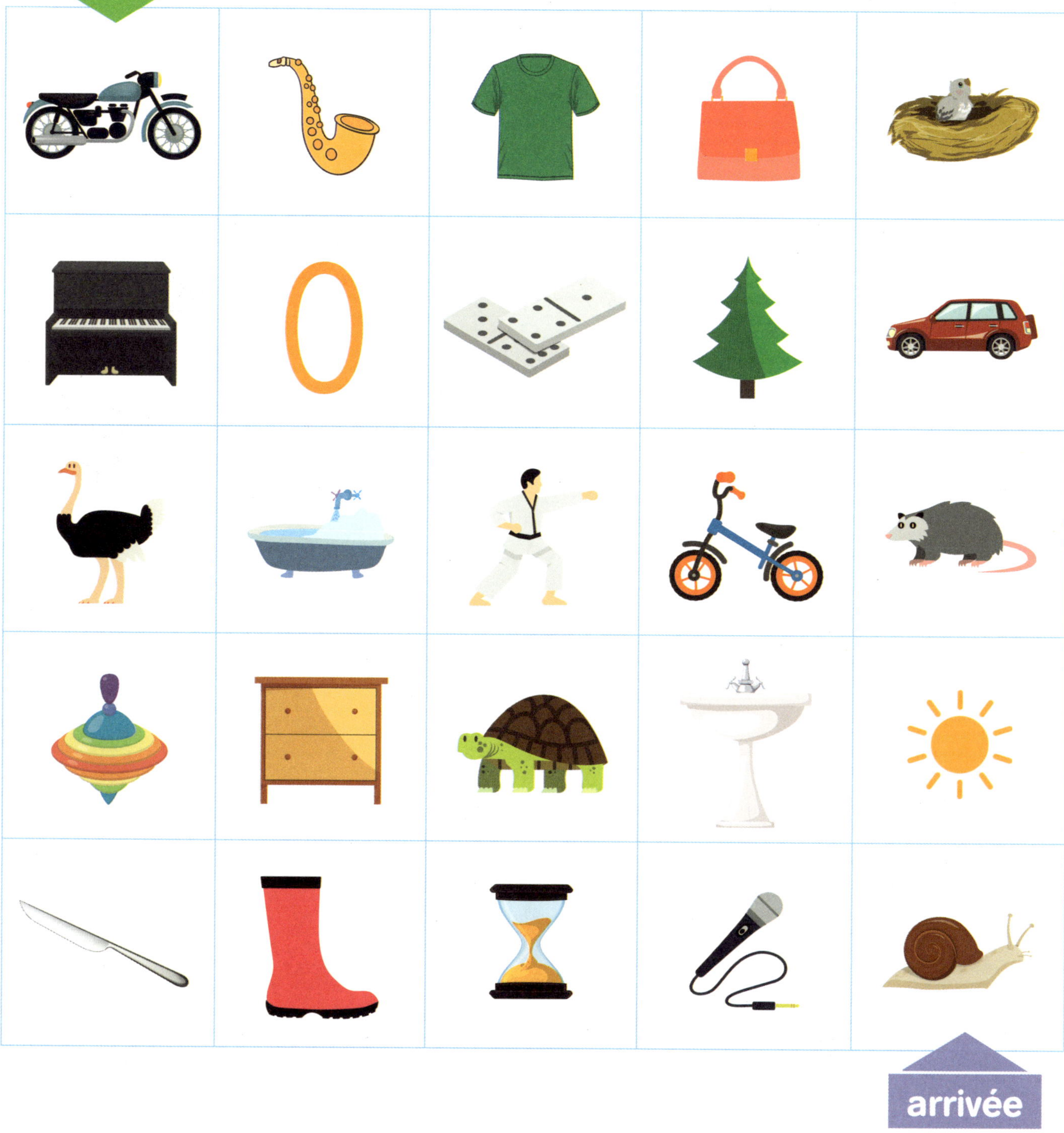

arrivée

Le « u » en fin de mot

Sur le livre, colorie en vert les images qui se terminent par le son « u », et en orange celles qui finissent par un autre son.

Le «é» en fin de mot

Colorie en rouge les images qui se terminent par le son « é ». Ensuite, colorie les images restantes en bleu foncé. Quel type de véhicule vois-tu apparaître ?

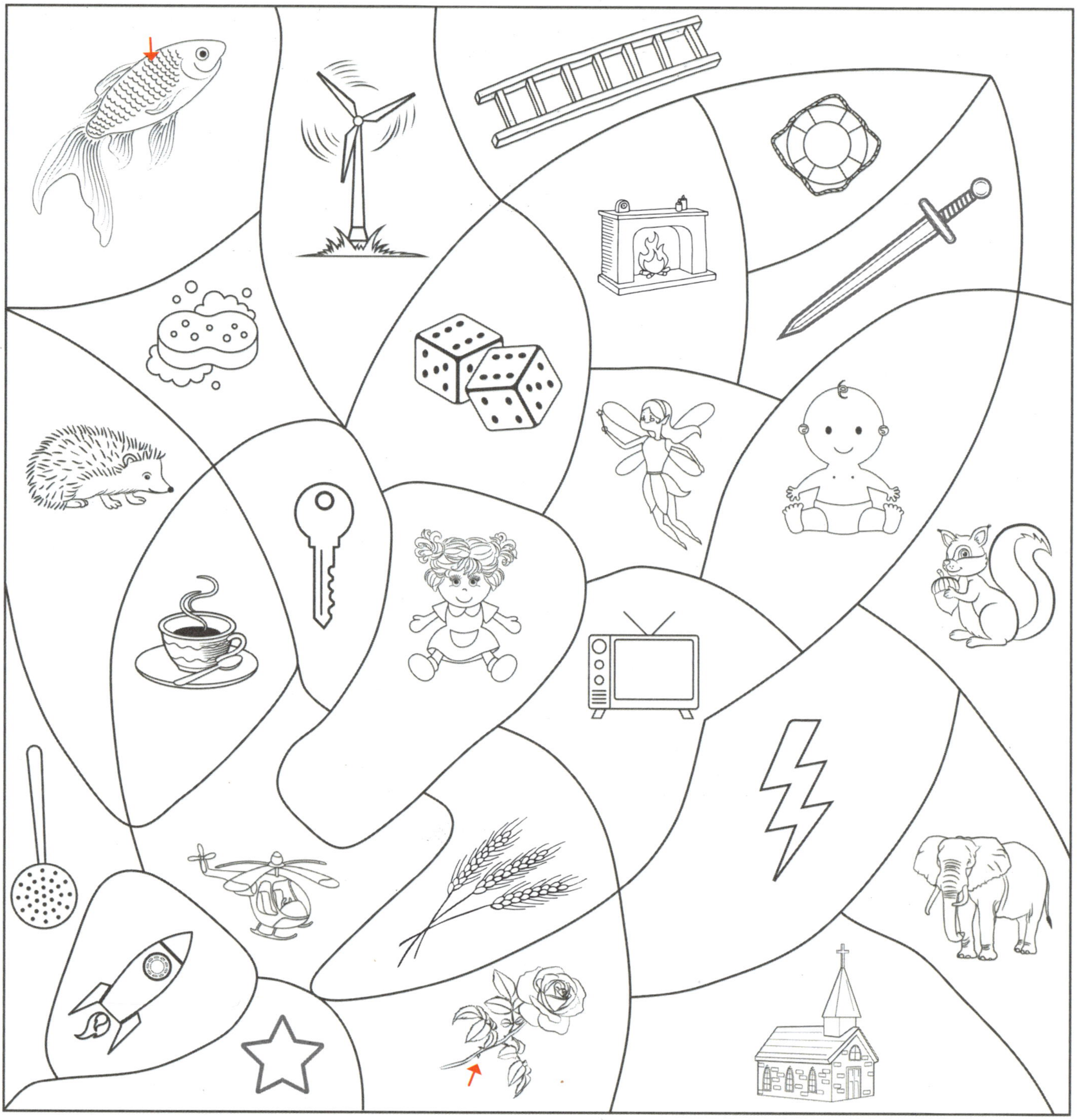

Le «on» en fin de mot

Colle un autocollant papillon, que tu trouveras à la fin du cahier, au-dessus de la maison à chaque fois que tu entends le son « **on** » à la fin d'un mot.

Bilan 6

Nomme chaque image, puis entoure la ou les lettres manquantes.

	o
	oi
	on
mais__	ou

	o
	a
	i
tap__s	é

	o
	on
	a
chocol__t	u

	i
	é
	on
canap__	u

	e
	o
	é
rob__t	a

	i
	on
	é
r__e	u

Complète chaque ligne avec 3 autocollants qui finissent par le même son.

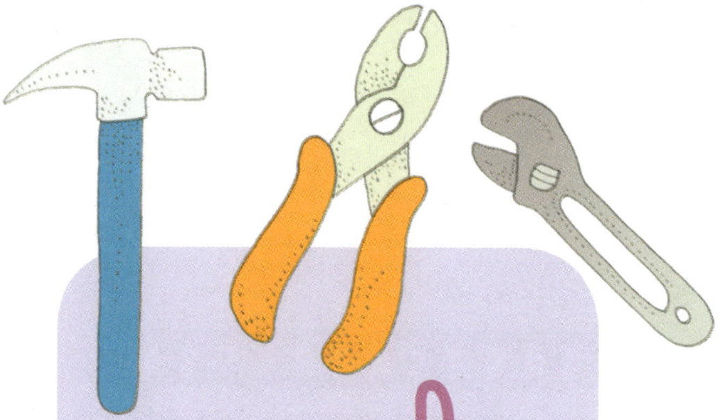

outils

ou

ou ou

ou

Le «ou» en fin de mot

Aide le kangourou à sortir du labyrinthe. Attention, il ne devra passer que par les mots qui se terminent par le son «ou».

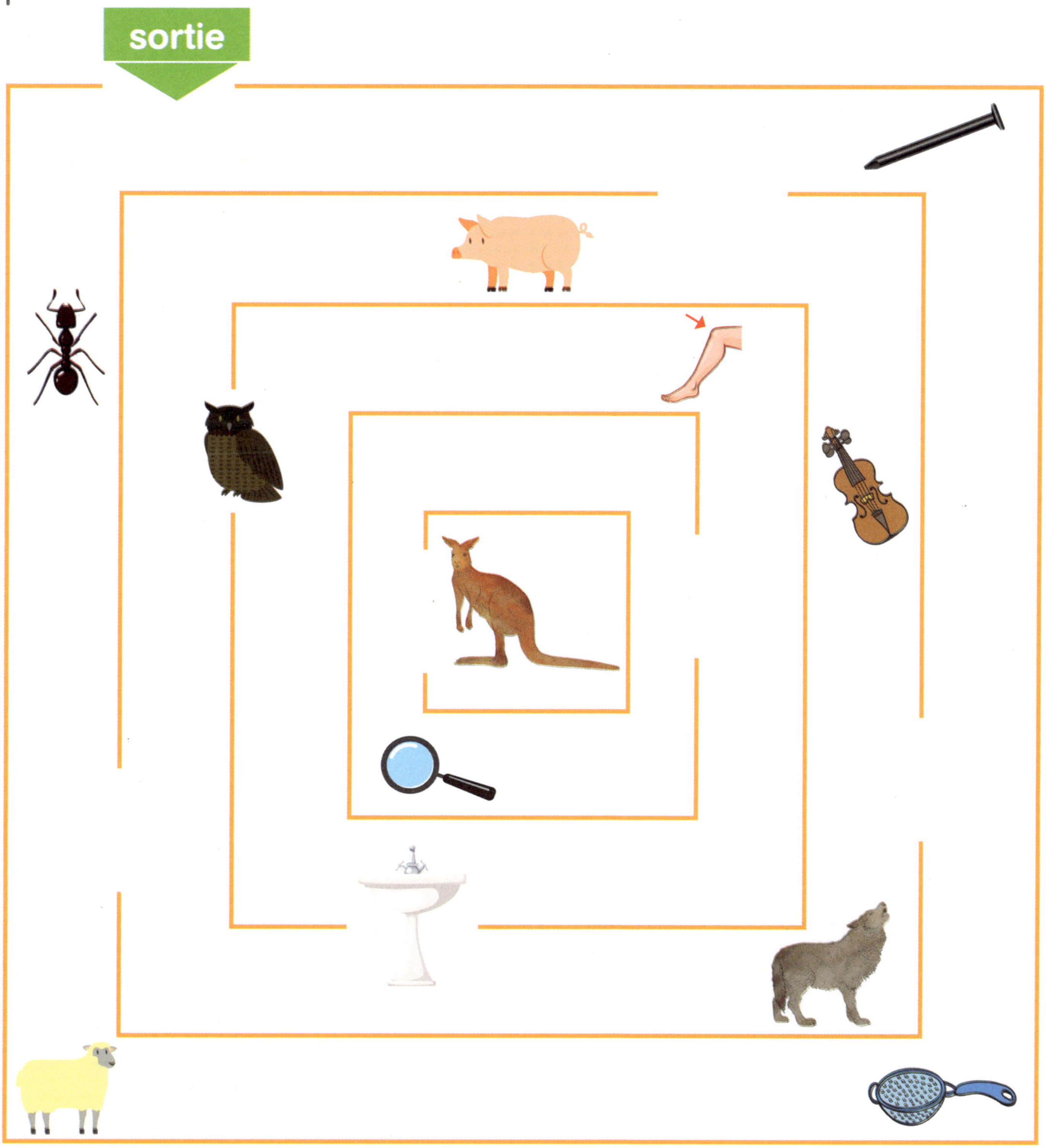

Le « ette » en fin de mot

Découpe les étiquettes page 183, puis nomme chaque image. Décore ensuite la serviette avec les images qui se terminent par le son « **ette** ».

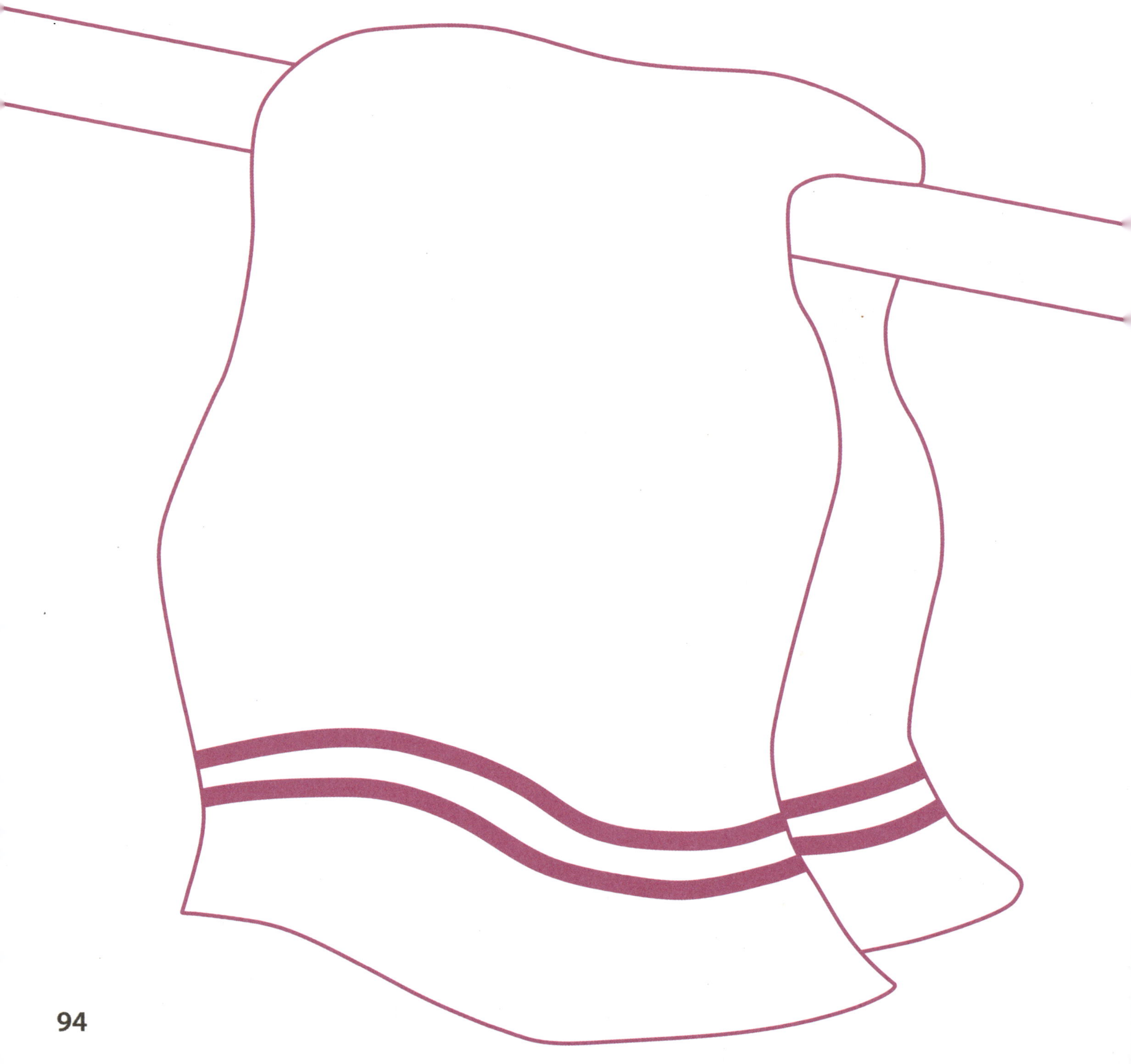

Le « ch » en fin de mot

Nomme l'image présente dans chaque niche, puis colorie la niche de celles qui se terminent par le son « ch ».

Le « in » en fin de mot

Pars en promenade dans le jardin avec le lapin.
Pour cela, passe par toutes les images, nomme-les,
puis conduis le lapin à sa carotte pour le récompenser.

Le « ge » en fin de mot

Seuls les mots se terminant par le son « **jje** » ont le droit de faire un tour de manège ! Colle dans les cases les autocollants dont le nom se termine par le son « **jje** » mais qui s'écrit « ge ». Attention aux intrus !

Le «eau» en fin de mot

Nomme chaque image, puis colorie en jaune celles dont le nom se termine par le son «o». Dans ces mots, le son «o» s'écrit «eau». Colorie les autres images en bleu. Quel bâtiment vois-tu apparaître ?

«eil», «ail» et «euil»

Découpe les images page 185, puis colle-les sur le soleil, l'épouvantail ou le fauteuil, en fonction du son que tu entends à la fin de chaque mot. Attention aux intrus !

soleil

épouvantail

fauteuil

Le « ille » en fin de mot

Nomme chaque image, puis barre, pour chaque chenille, le ou les anneaux qui ne se terminent pas par le son « **ille** ».

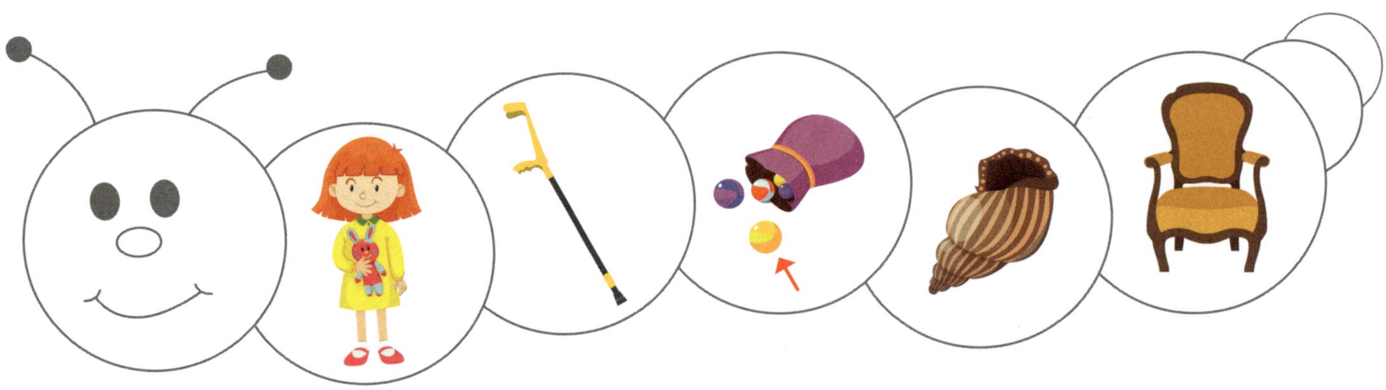

Le « que » en fin de mot

Sur le trajet de la barque, entoure tous les mots qui se terminent par le son « **kke** », mais qui s'écrit « que ».

«le», «re», «te», «ne», «se» et «pe»

Découpe les étiquettes page 185. Nomme chaque image, puis colle-la sur la bonne illustration, selon le son que tu entends à la fin de chaque mot.

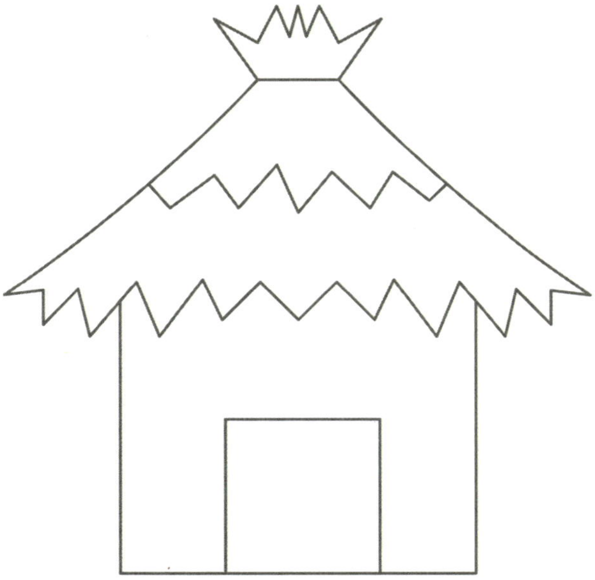

hutte

cerise

ampoule

enveloppe

armoire

caravane

Bilan 7

Nomme les images dans chaque fleur, puis colle au centre de celle-ci l'autocollant représentant le son entendu à la fin des 4 mots. Attention aux intrus !

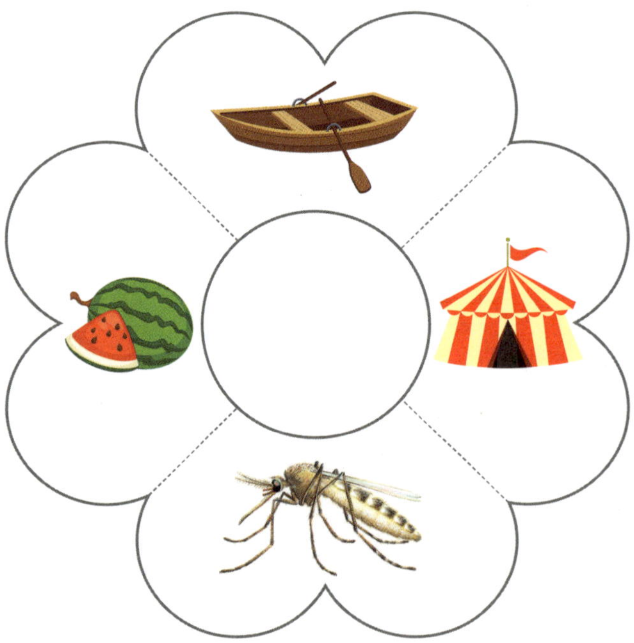

Le « a » dans le mot

Pour chaque image, coche une case chaque fois que tu entends le son « a » dans le mot.

Le « u » dans le mot

Nomme chaque image présente dans les pots de confiture.
Colorie en orange les images dans lesquelles tu entends
le son « u », et les autres en bleu.

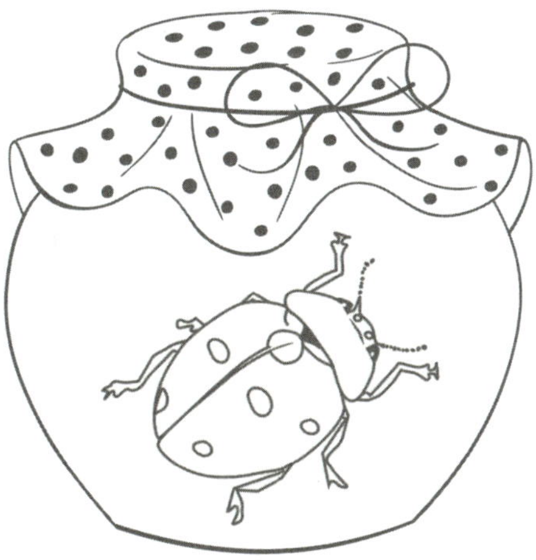
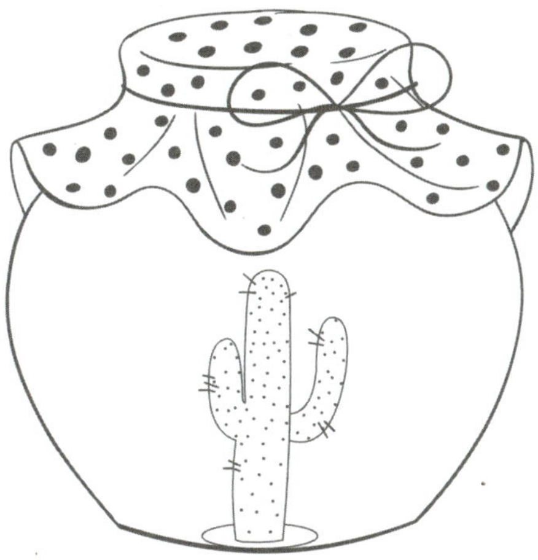

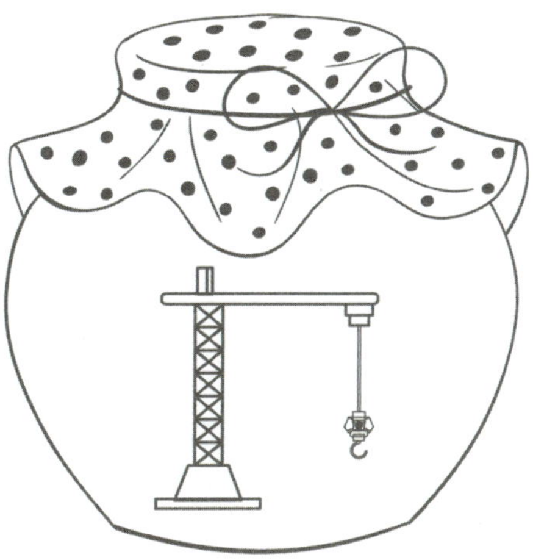
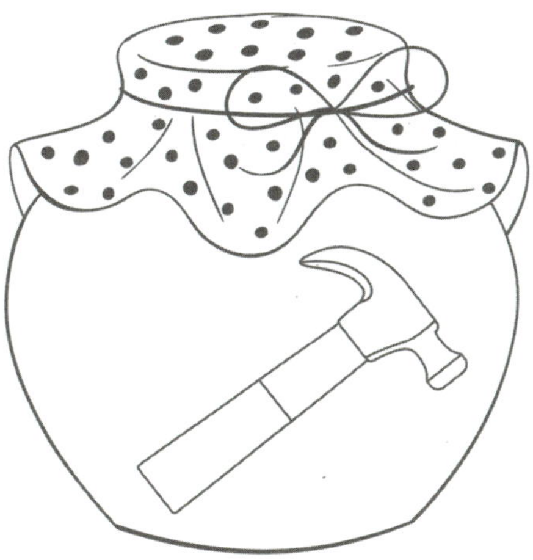

Le «i» dans le mot

Nomme chaque image, puis colorie en jaune celles dans lesquelles tu entends le son «i», et les autres en vert. Quel animal vois-tu apparaître ?

Le « o » dans le mot

Nomme chaque image, compte combien de fois tu entends le son « o » dans le mot, puis entoure le bon chiffre.

1 2 3

1 2 3

1 2 3

1 2 3

1 2 3

1 2 3

1 2 3

1 2 3

1 2 3

Le «é» dans le mot

Découpe les images page 185, puis colle autour du coffre au trésor tous les mots dans lesquels tu entends le son «é».

Le « è » dans le mot

Trace le chemin du « è » en ne passant que par les mots qui contiennent le son « è ».

départ

arrivée

oi

oi oi oi

oi

 a b c d e f g h i j k l m n o p q r s t u v w x y z

Le « oi » dans le mot

Découpe les étiquettes page 187. Colle les images où tu entends le son « **oua** » sur les étoiles et les intrus sur le banc de sable.

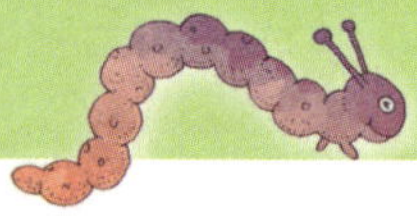

Le «eu» dans le mot

Nomme chaque image, puis colle un autocollant eu si tu entends ce son ou un autocollant ~~eu~~ si tu ne l'entends pas.

2

12

Le « ou » dans le mot

Nomme chaque animal, puis colorie en violet ceux dont le nom contient le son « **ou** ». Colorie les autres animaux de la couleur de ton choix.

Le « on » dans le mot

Nomme chaque image, puis entoure celles où tu entends le son « **on** ».

Le « an » dans le mot

Nomme chaque image, puis colorie en orange celles dans lesquelles tu entends le son « **an** ».
Colorie les images qui restent de la couleur de ton choix.
Quelle forme vois-tu apparaître ?

Le « œu » dans le mot

Découpe les étiquettes page 187 et nomme-les.
Colle ensuite les images dans lesquelles tu entends le son « œu » dans la colonne de gauche, et les autres dans la colonne de droite.

œu	~~œu~~

Le « gn » dans le mot

Trace le chemin du « gn » en ne passant que par les mots qui contiennent le son « **gn** ».

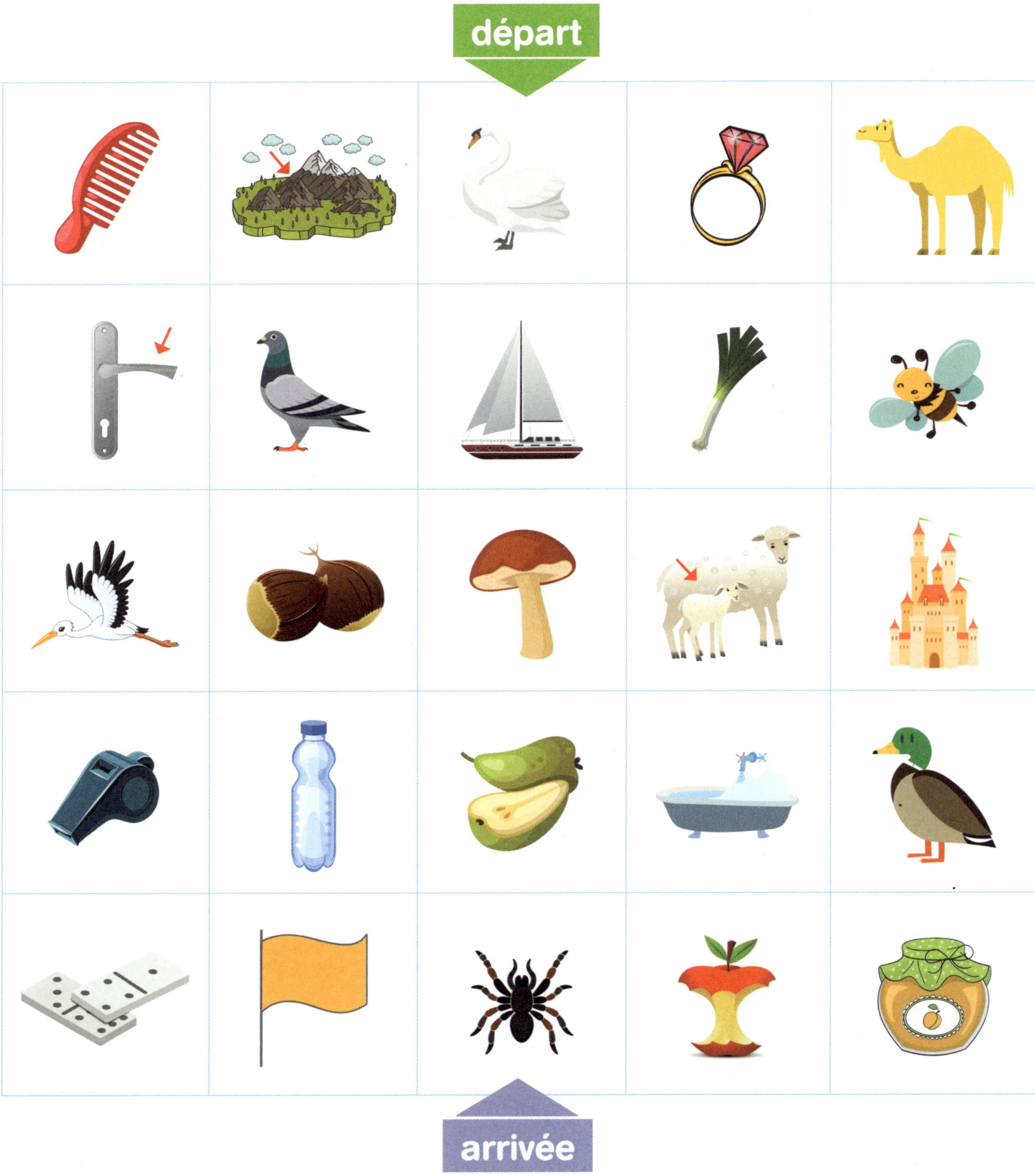

lynx

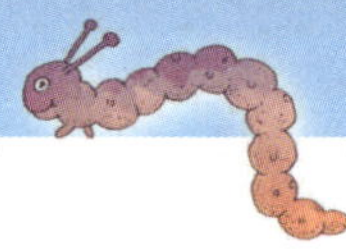

x

Le « x »

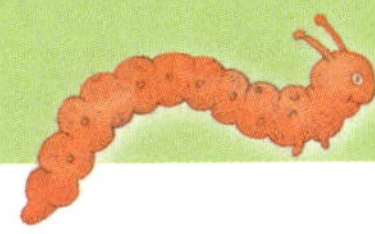

La lettre « x » fait différents sons. Est-ce que le « x » du mot sonne comme dans « taxi », « noix », « xylophone » ou « six » ?

ciseaux •

lynx •

exercice •

10

dix •

saxophone •

index •

2

deux •

• taxi •

• noix •

• xylophone •

6

• six •

• boxe

• klaxon

• croix

• expliquer

• soixante

60

• cheveux

• hexagone

Bilan 8

À l'aide des étiquettes page 187, complète chaque famille en fonction du son que tu entends en fin de mot.

Associe ensuite un autocollant graphème à chacune des familles.

Nomme chaque image, puis colorie-la de la couleur du son que tu entends à la fin du mot. Quel moyen de transport vois-tu apparaître ?

on | eau | ou | in | oi

Nomme chaque image, puis entoure les sons que tu entends dans le mot.

u oi i a ou o

on a ou u i oi

an è u i o a

ou u a i on oi

u a i é o è

a oi on an i

an ou on in oi

on è é i u an

Je retrouve et j'écris

Dans cette partie, votre enfant va être amené à coder les sons grâce à l'alphabet mobile présent page 191. Il va devoir isoler un son en y associant la lettre correspondante, ranger les sons dans le bon ordre et enfin encoder des mots simples, puis d'autres plus complexes.

Les lettres envolées

À l'aide de ton alphabet mobile, complète les mots avec les sons manquants.

_vocat

_gloo

_sine

_tarie

_aourt

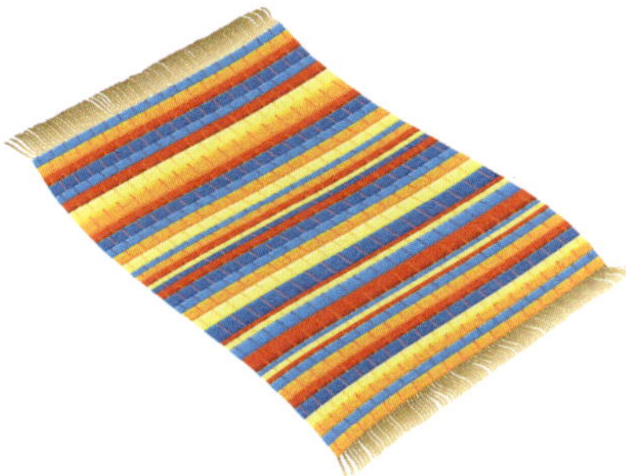

tap_s

r_e

kimon_

koal_

caf_

v_l_

pyj_m_

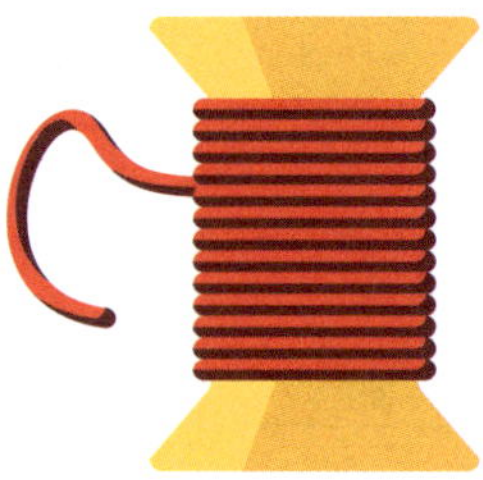

b_b_ne

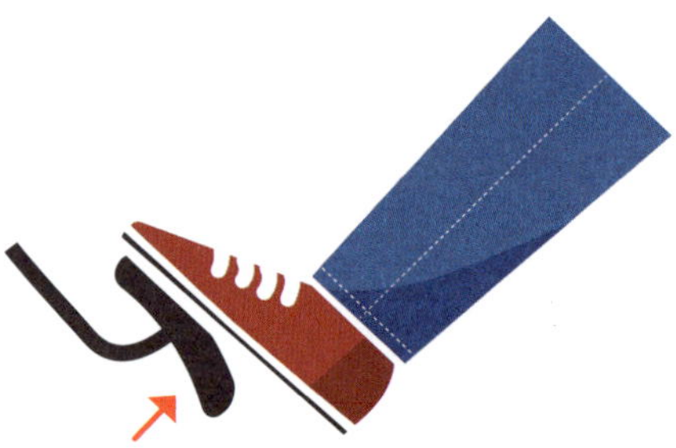

p_d_le

t_l_pe

_une

_able

_ur

_ac

_obot

ra_e

vi_

crava_e

crê_e

cheva_

la_in

to_ate

o_arie

koa_a

ar_re

Le méli-mélo des lettres

Munis-toi des lettres mobiles qui correspondent aux lettres présentes en dessous de chaque image, et mets-les dans le bon ordre pour écrire le mot représenté.

a e r p

m a a l

e m m o i

r a a n c i

b a v o a l

n i o d m o

Munis-toi des lettres mobiles qui correspondent aux lettres présentes en dessous de chaque image, et écris le mot représenté. Mais cette fois-ci, fais attention, il y a des intruses !

è o t z c r é

t u a j v o d

a o v f é g c

t u d a c o c s

n t f i m
a r e l

n a p m e
t o u t

Si on écrivait des mots ?

Nomme chaque image, retrouve les lettres présentes dans le mot, puis à l'aide de l'alphabet mobile écris-le. Si tu te sens prêt, écris le mot sous l'image avec un crayon.

lac

l	a	c

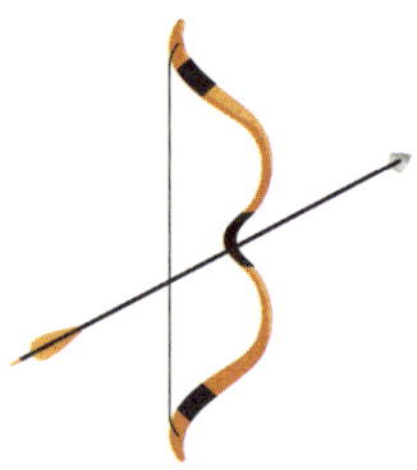

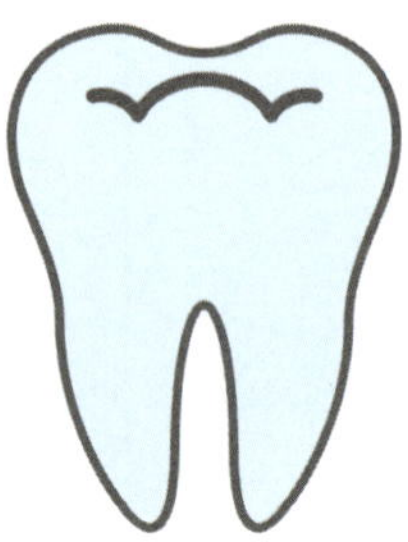

Je lis

Votre enfant est maintenant prêt à transformer les signes graphiques d'un mot en sons. Ce décodage portera tout d'abord sur des mots simples et courts, puis petit à petit viendra le temps des premières phrases et des mots plus longs et complexes.

Les mots courts

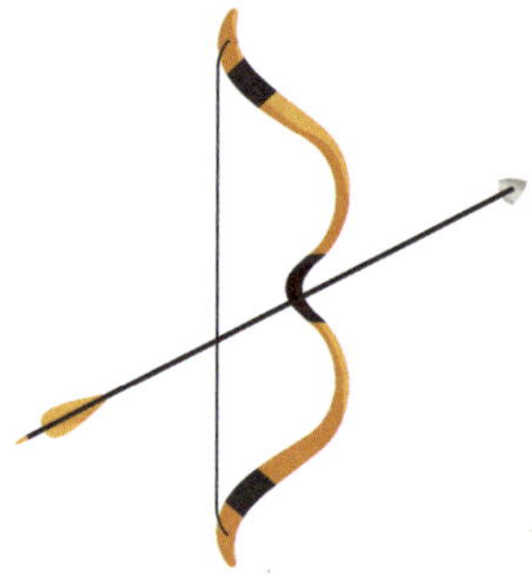

sac	coq	arc
lac	car	col
as	os	bac
bol	pic	gaz
fil	mur	sur
vis	sol	cor

robe vélo lama

cube bébé tipi

jupe café papa

lune dé judo

rame pavé parc

cape épi joli

Les mots courts plus complexes

rat

tarte

lit

porte

nid

carte

riz

palme

mot

corde

pot

borne

Les premières phrases

Léo a bu le jus.

Papa a vu le sac.

Rémy a vu le joli vélo rose de Lola.

Le bébé dort.

Noé a vu la lune.

Le coq picore l'épi de blé.

Les mots phonétiques longs

lavabo tomate otarie

domino cabane canapé

canari salade banane

parasol tulipe épine

harmonica tortue carafe

piano locomotive malade

Les mots longs

koala	renard	arbre
local	abricot	crabe
ananas	prix	cravate
cacao	homard	ogre
canif	sirop	livre
baobab	petit	crocodile

table

cartable

blé

plume

flûte

parapluie

pelle

botte

terre

carotte

jumelle

tresse

Les phrases phonétiques

Théo a ramené des tomates
et des bananes du marché.

Le crabe marche sur le sable.

La tarte à la banane cuit.

À la rivière, il y a des tulipes,
des primevères et des trèfles.

Jules a attaché l'âne à la barrière.

À midi, le parc se vide.

Le chat va vite dormir.

Les mots contenant « ch », « ou » et « on »

vache	ours	melon
cheval	souris	mouton
machine	route	avion
chèvre	fourmi	biberon
cloche	bouche	montre
parachute	loup	lion

Les mots contenant « an », « in » et « oi »

kangourou	lapin	étoile
volcan	moulin	roi
sandale	épingle	voiture
pélican	pintade	poire
triangle	sapin	armoire
rectangle	poussin	tiroir

Les mots contenant «eu», «ge» et «ai»

jeu	singe	balai
feu	orange	laine
cheveux	nuage	aigle
facteur	fromage	éclair
tracteur	girafe	dizaine
ordinateur	étagère	dromadaire

Les mots contenant « en », « ph » et « eau »

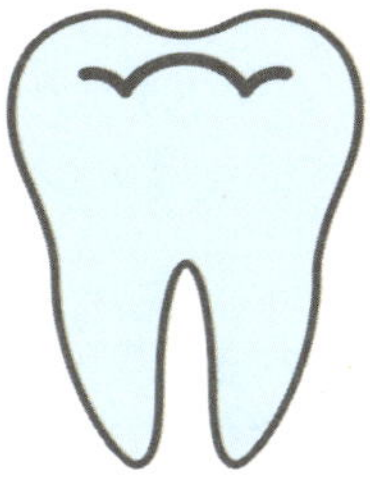

dent	phoque	bateau
tente	phare	seau
menton	éléphant	manteau
enfant	téléphone	couteau
vendredi	photographe	poireau
prendre	nénuphar	chapeau

Les mots contenant « au », « œu » et « ette »

dauphin	cœur	raquette
autruche	œuf	chaussette
automobile	sœur	brouette
sauter	manœuvre	mouette
mauve	nœud	noisette
taupe	bœuf	violette

Les mots contenant « s = z », « è » et « gn »

maison	zèbre	champignon
rose	lièvre	montagne
chaise	vipère	agneau
cerise	rivière	baignoire
fraise	trèfle	châtaigne
bison	cafetière	cigogne

Les mots contenant «que», «ille» et «y»

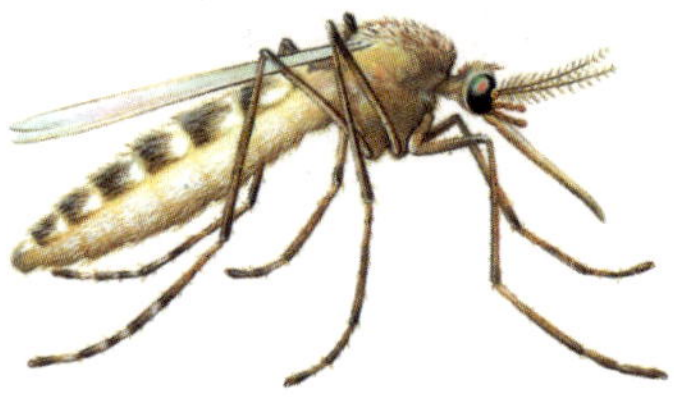

moustique	jonquille	crayon
barque	fille	rayon
quatre	quille	tuyau
cirque	chenille	noyau
masque	lentille	rayure
quiche	coquillage	paysan

Les mots contenant «ail», «eil» et «euil»

éventail	soleil	écureuil
ail	réveil	fauteuil
portail	abeille	seuil
taille	bouteille	chevreuil
médaille	oreille	feuille
paille	merveille	treuil

Les pages à découper

À DÉCOUPER

L'abricot du « a » page 11

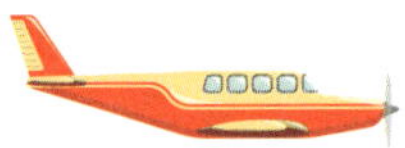   

  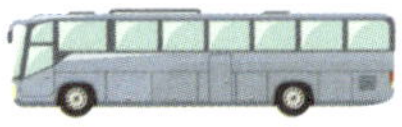 

Le « p » page 17

p p p p p p p p

Bilan 1 page 21

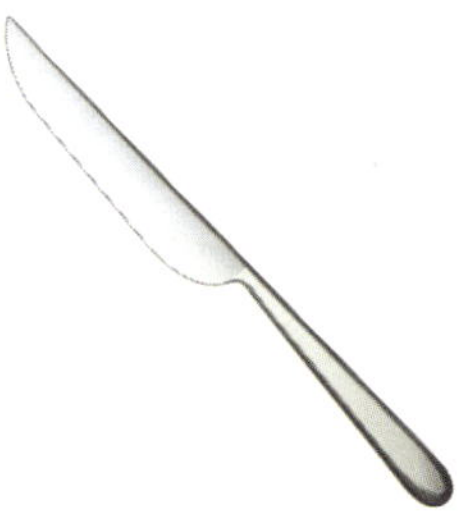   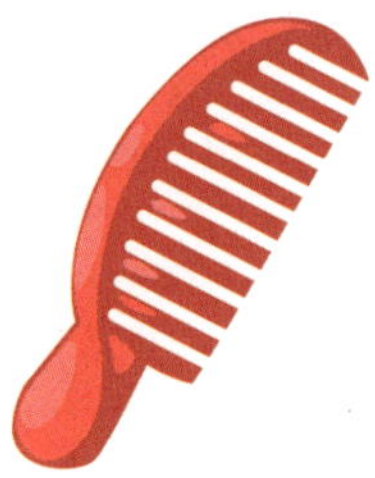

À DÉCOUPER

La boîte du « b » page 27

La jupe du « j » page 37

Le « n » page 45

n n n n n

n n n n

À DÉCOUPER

Bilan 3 page 48

Le yoyo du « y » page 55

À DÉCOUPER

Le château du « ch » page 63

Le « ph » page 75

Bilan 5 pages 80 et 81

ph en ai on in

ou ch au g

À DÉCOUPER

Le « a » en fin de mot page 84

Le « ette » en fin de mot page 94

À DÉCOUPER

« eil », « ail » et « euil » page 99

« le », « re », « te », « ne », « se » et « pe » page 102

Le « é » dans le mot page 110

À DÉCOUPER

Le « oi » dans le mot page 113

Le « œu » dans le mot page 118

Bilan 8 pages 122 et 123

Alphabet mobile

Colle ici une enveloppe
et range ton alphabet mobile
dedans.

À DÉCOUPER

a b c d e f g h i j k

l m n o p q r s t u

v w x y z é è ê e i a

o u r s t l n d c m

PAPIER À BASE DE
FIBRES CERTIFIÉES

LAROUSSE s'engage pour l'environnement en réduisant l'empreinte carbone de ses livres. Celle de cet exemplaire est de :
2 kg éq. CO_2
Rendez-vous sur www.larousse-durable.fr

Imprimé en Espagne par Graficas Estella
Dépôt légal : juin 2020 – 325356/01
N° de projet : 11043062 – août 2020

Le «on» en fin de mot page 89

Bilan 6 page 91

   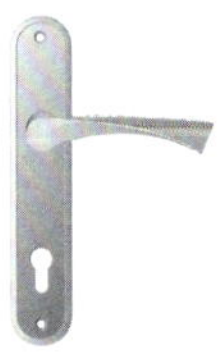  

Le «ge» en fin de mot page 97

  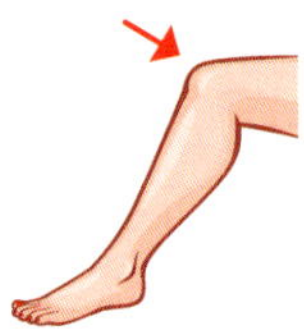   

Bilan 7 page 104

re ail que che ge

ille ette pe in eau

Le « eu » dans le mot page 114

eu eu eu eu eu eu

eu eu ~~eu~~ ~~eu~~ ~~eu~~ ~~eu~~

Bilan 8 pages 122 et 123

u r ch a

i eu o é

Mes lettres rugueuses

Outil indispensable dans la pédagogie Montessori, la réalisation d'un alphabet mobile constitué de lettres rugueuses vient parfaire, dans une approche multisensorielle, la familiarisation de l'enfant avec les lettres et les sons qui leur sont associés.

Réaliser et utiliser mes lettres rugueuses

Pour Maria Montessori, le langage écrit est une conquête de l'esprit et de son auxiliaire, la main. Sa pédagogie propose une approche phonétique : on s'intéresse au son produit par la lettre et non à son nom. Grâce à cet alphabet rugueux, votre enfant apprendra en même temps le tracé et le son des lettres. Dans une démarche sensorielle, l'utilisation des lettres rugueuses va associer la vue, le toucher et l'ouïe : votre enfant verra la forme de la lettre, la sentira et entendra le son qu'elle produit.

Préparation du matériel

Pour réaliser les lettres rugueuses, vous aurez besoin de matériel simple et à la portée de tous : une matière rugueuse (sucre, sel, semoule fine, sels de bain, sable, petites perles, etc.) et d'une substance adhésive (colle liquide, vernis, etc.). Pour que les cartes soient plus attrayantes, privilégiez du matériel coloré (vernis de couleur, perles colorées).

Réalisation

1. Découpez les planches lettres, puis chaque carte de manière à obtenir 26 cartes lettres.
2. Recouvrez de substance adhésive l'intérieur des lettres en suivant bien le contour.
3. Saupoudrez de sucre, de semoule fine, de sable…
4. Laissez sécher quelques minutes.
5. Enlevez le surplus en retournant la carte au-dessus d'un récipient.

Les lettres rugueuses sont prêtes à être utilisées ! Pour plus de solidité, vous pouvez coller ces cartes sur du carton plus épais, ou des petites planches de bois.

Mise en œuvre

Installez-vous à la droite de votre enfant et suivez le contour de la lettre choisie, lentement, avec l'index et le majeur tout en prononçant le son de la lettre. Veillez à suivre le sens indiqué par les flèches (le point indique la flèche par laquelle il faut commencer). Recommencez plusieurs fois.

Invitez votre enfant à tracer à son tour la lettre avec l'index et le majeur, tout en prononçant le son, sans l'interrompre. Face à cette imitation, gardez toujours à l'esprit que, dans la pédagogie Montessori, c'est le processus qui est essentiel et non le résultat. Son effort ne doit pas donner lieu à un jugement de valeur ou à un commentaire de votre part.

Prolongement

Une fois l'imitation terminée, proposez à votre enfant un objet qu'il connaît et sait nommer. Cet objet peut être un ustensile du quotidien ou l'un de ses jouets. Nommez l'objet choisi en insistant sur le son initial : le « be » du « ballon », le « ke » de la « cuillère ».

Tracez de nouveau la lettre rugueuse et proposez à votre enfant de faire de même.

Il est conseillé de travailler 2 ou 3 sons maximum par semaine, en privilégiant des sons bien distincts, que l'on classe souvent par groupes :
– 1er groupe : c m a t ;
– 2e groupe : s r i p ;
– 3e groupe : b f o g ;
– 4e groupe : h j u l ;
– 5e groupe : d w e n ;
– 6e groupe : k q v x y z.

Lorsque vous aurez ainsi travaillé avec les sons du 1er groupe, présentez à votre enfant les 4 objets ainsi que les 4 lettres rugueuses correspondantes, et demandez-lui par exemple :
– Où est le « mme » ?
– Peux-tu me montrer le son « tte » ?
– Te souviens-tu du son de cette lettre ?
– Quel objet commence par « a » ?

Cette étape essentielle est longue : de nombreuses répétitions seront nécessaires. Gardez à l'esprit que votre enfant a besoin de temps, et n'hésitez pas à interrompre la séance dès que la lassitude se fait sentir.

Lorsque votre enfant sera capable de dire avec aisance le son des lettres et d'y associer les objets, vous pourrez lui proposer un petit plateau contenant du sable ou de la semoule, dans lequel il pourra tracer la lettre. Cela renforcera la préparation de sa main et lui permettra de prendre confiance avant de se lancer dans des activités de graphisme.

X M L R T Z I P W F Y B S J A Q C E K V O G D H N U

X M L R T Z I P W F Y B S J A Q C E K V O G D H N U

X M L R T Z I P W F Y B S J A Q C E K V O G D H N U

X M L R T Z I P W F Y B S J A Q C E K V O G D H N U

c

d

e

f

X M L P
R T Z I
W F X B S
J A Q C E K
V O
G D H
N U

X M L P
R T Z I
W F X B S
J A Q C E K
V O
G D H
N U

X M L P
R T Z I
W F X B S
J A Q C E K
V O
G D H
N U

X M L P
R T Z I
W F X B S
J A Q C E K
V O
G D H
N U

g

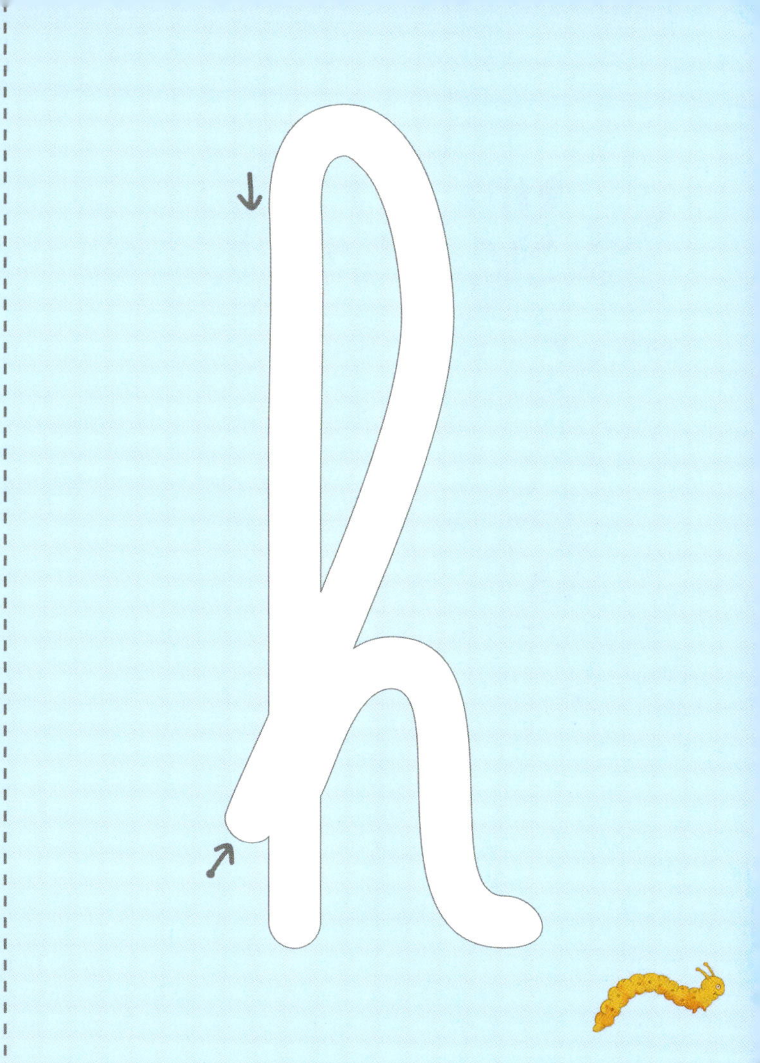
h

i

j

X M L
R T Z I P
W F X B S
J A Q C E K
V O
G D H
N U

X M L
R T Z I P
W F X B S
J A Q C E K
V O
G D H
N U

X M L
R T Z I P
W F X B S
J A Q C E K
V O
G D H
N U

X M L
R T Z I P
W F X B S
J A Q C E K
V O
G D H
N U

k

l

m

n

M L
X
T Z I P
R
B S
W F X
J C E K
A Q
V O
D
G H
N U

M L
X
T Z I P
R
B S
W F X
J C E K
A Q
V O
D
G H
N U

M L
X
T Z I P
R
B S
W F X
J C E K
A Q
V O
D
G H
N U

M L
X
T Z I P
R
B S
W F X
J C E K
A Q
V O
D
G H
N U

o

p

q

r

X M L
R T Z I P
W F X B S
J A Q C E K
V O
G D H
N U

X M L
R T Z I P
W F X B S
J A Q C E K
V O
G D H
N U

X M L
R T Z I P
W F X B S
J A Q C E K
V O
G D H
N U

X M L
R T Z I P
W F X B S
J A Q C E K
V O
G D H
N U

s

t

u

v

X M L
R T Z I P
W F X B S
J A Q C E K
V O
G D H
N U

X M L
R T Z I P
W F X B S
J A Q C E K
V O
G D H
N U

X M L
R T Z I P
W F X B S
J A Q C E K
V O
G D H
N U

X M L
R T Z I P
W F X B S
J A Q C E K
V O
G D H
N U